改訂版　聞いて覚えるドイツ語単語帳

キクタン

ドイツ語

【初級編】

独検**4**級レベル

アルク

はじめに
「キクタン ドイツ語」とは

ベストセラー「キクタン」を、ドイツ語学習に応用！

　単語を聞いて覚える "「聞く」単語帳"、すなわち「キクタン」。「キクタン」シリーズはアルクの英単語学習教材からスタートしました。音楽のリズムに乗りながら楽しく語彙を学ぶ "チャンツ" という学習法を採用し、受験生から TOEIC のスコアアップを狙う社会人まで、幅広いユーザーの支持を受けています。

　この「キクタン」をベースとして、「独検4級＋日常会話でよく使われる単語」を厳選した『キクタンドイツ語【初級編】独検4級レベル』（初版 2012 年 1 月）が刊行されました。本書は、その例文、日本語訳の見直しを行い、音声をダウンロード提供とした改訂版です。

「独検4級レベル」＋「日常会話でよく使われる単語」を精選！

　本書は、独検4級レベルの語彙に加えて、日常会話で頻繁に使われる単語を選んで収録しています。

　独検4級の検定基準は「基礎的なドイツ語を理解し、初歩的な文法規則を使って日常生活に必要な表現や文が運用できる。（ドイツ語授業を約 60 時間以上受講しているか、これと同じ程度の学習経験のある人）」と設定されています（公益財団法人ドイツ語学文学振興会『ドイツ語技能検定試験（「独検」）各級のレベルと内容』より）。

　本書には、ドイツ語を習い始めたばかりの人でも、知っている単語を組み合わせて、ドイツ語でコミュニケーションを図るのに便利な単語が集められています。独検を目指す人だけでなく、ドイツ語圏への旅行や留学を計画している人にも、役に立つ一冊です。

●独検（ドイツ語技能検定試験）
公益財団法人ドイツ語学文学振興会 独検事務局

https://www.dokken.or.jp/

※最新情報はホームページよりご確認ください。

だから「ゼッタイに覚えられる」！
本書の4大特長

1 目と耳をフル活用して覚える！

だから、
ドイツ語の自然なリズムが身につく！

音楽のリズムに乗りながら楽しく語彙の学習ができる「チャンツ音声」を用意。また「聞いて意味が分かる」だけではなく、ドイツ語の自然なリズムまでしっかり身につく単語帳を目指しました。

2 冠詞と名詞はセットで覚える！

だから、
今まで難しいと感じていたドイツ語学習が、らくらくスムーズに！

ドイツ語には英語にはない文法上の性があるため、多くの初級者は難しく感じるようです。しかし本書では、冠詞と名詞を無理なくセットで覚えられるので、「名詞の性を覚える」ことが苦手だった人でも、簡単かつ効果的に単語を覚えることができます。

3 1日8語、8週間のカリキュラム学習！

だから、
ムリなくマスターできる！

「ゼッタイに覚える」ことを前提に、1日の学習語彙量を8語に抑えています。8週間、計56日の「カリキュラム学習」ですので、ペースをつかみながら、効率的・効果的に語彙を身につけていくことができます。

4 448の語彙を厳選！

だから、
すぐに使える！

ドイツ語学習の初級段階で最も基本的な語彙をしっかり学習できます。勉強でドイツ語が必要な人にはもちろん、旅行でドイツ語を話したい人にもピッタリの学習書です。

本書とダウンロード音声の活用法

意味を覚えるだけでは終わらせない。
発音やアクセントもしっかりマスター！

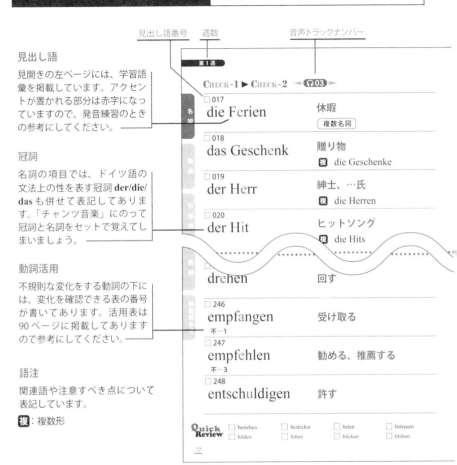

見出し語番号　週数　　　　音声トラックナンバー

見出し語

見開きの左ページには、学習語彙を掲載しています。アクセントが置かれる部分は赤字になっていますので、発音練習のときの参考にしてください。

冠詞

名詞の項目では、ドイツ語の文法上の性を表す冠詞 **der/die/das** も併せて表記してあります。「チャンツ音楽」にのって冠詞と名詞をセットで覚えてしまいましょう。

動詞活用

不規則な変化をする動詞の下には、変化を確認できる表の番号が書いてあります。活用表は90 ページに掲載してありますので参考にしてください。

語注

関連語や注意すべき点について表記しています。

複: 複数形

第 1 週

CHECK-1 ▶ CHECK-2 ◀ 🎧03 ▶

名詞

□ 017
die Ferien
休暇
(複数名詞)

□ 018
das Geschenk
贈り物
複 die Geschenke

□ 019
der Herr
紳士、…氏
複 die Herren

□ 020
der Hit
ヒットソング
複 die Hits

drehen
回す

□ 246
empfangen
受け取る
不 -1

□ 247
empfehlen
勧める、推薦する
不 -3

□ 248
entschuldigen
許す

Quick Review
□ bestehen　□ bestrafen　□ beten　□ betreuen
□ bilden　□ bitten　□ blicken　□ blühen

72

Quick Review 前日に学習した語彙のチェックリストです。左ページにドイツ語、右ページに日本語を掲載してあります。
（ページ数の書いてあるものは別）

生活スタイル別
3 つの学習モード

聞くだけモード
CHECK-1
音声を聞き流すだけ！
学習時間の目安：1 日 1 分

しっかりモード
CHECK-1 ▶ CHECK-2
発音もマスター！
学習時間の目安：1 日 2 分

1日の学習量は2ページ、学習語彙数は1トラック8語です。音声には、聞いているだけで楽しくなる「チャンツ音楽」のリズムに合わせて、♪ **"essen"** →「食べる」→ **"essen"** ♪というふうに、学習語彙が「ドイツ語→日本語→ドイツ語」の順に収録されています。

Check-3

Wann sind die Ferien?

休暇はいつですか？

Das ist ein Geschenk von meiner Mutter.

これは母からのプレゼントです。

Herr Fischer ist sehr nett.

フィッシャーさんはとても親切です。

Das ist der Hit des Jahres.

〜のヒットソングです。

Drehen Sie Ih... ...nach links.

頭を左に向けてください。

Ich habe eine E-Mail empfangen.

私はメールを受け取りました。

Was können Sie mir empfehlen?

何がお勧めですか？

Entschuldigen Sie bitte.

すみません。

Quick Review
- [ ] 〜から成る
- [ ] 罰する
- [ ] 祈る
- [ ] 世話をする
- [ ] 形作る
- [ ] 頼む
- [ ] 目を向ける
- [ ] 咲いている

73

例文

右ページには、見出し語を使った簡単な例文が書かれています。初歩的な文法を使った表現で日常会話でよく使うものばかりです。簡単かつ自然な表現のドイツ語ですので、余力のある人はぜひ覚えて積極的に使ってみましょう。

Check-1

該当の音声トラックを呼び出し、見出し語とその意味をチェック！
時間に余裕のある人は、語注の内容も押さえましょう。

Check-2

音声に合わせて発音練習！
自然なドイツ語の発音を身につけるため、カタカナ表記はしてありません。アクセントの場所に注意して、耳をフル活用してください。

Check-3

見出し語を含む例文・フレーズをチェック！
実践的な例文に触れることで、理解が深まります。

＊音声には見出し語と訳のみが収録されています。

付属チェックシート

本書の赤字部分（アクセント表示は除く）は、チェックシートで隠せるようになっています。日本語の意味が身についているか確認しましょう。

完ぺきモード

Check-1 ▶ Check-2 ▶ Check-3

やるからには完ぺきに！
学習時間の目安：1日10分

※ 学習時間はあくまでも目安です。時間に余裕があるときは、音声を繰り返し聞いたり、学習語彙やフレーズの音読を重ねたり、なるべく多く学習語彙に触れるよう心がけましょう。

DL音声の使用に関するご案内

● パソコンでダウンロードする場合
下記の「アルク ダウンロードセンター」にアクセスの上、画面の指示に従って音声ファイルをダウンロードしてください。
https://portal-dlc.alc.co.jp/

● スマートフォンでダウンロードする場合
右のQRコードから学習用アプリ「booco」をインストールの上、ホーム画面下「さがす」から本書を検索し、音声ファイルをダウンロードしてください。
※商品コード（7024051）で検索してください。

名 詞

難しい単語を使わなくても、ドイツ語を習い始めてすぐに出てくる動詞 sein,
haben, machen で、かなりたくさんのことを表現できます。単語だけではなく、
文章も簡単に覚えられるように『キクタン【初級編】』では、sein で文を作れる名
詞 (001-048)、haben で文を作れる名詞 (049-080)、machen で文を作れる名詞
(081-096) と分類してあります。ぜひ積極的に例文も覚えてみてください。

※**数字は、音声のトラック番号です**

CHECK-1 ▶ CHECK-2 ◀ 🎧01 ▶

□ 001
das Abgas
排気ガス
複 die Abgase

□ 002
der Absender
差出人
複 die Absender

□ 003
die Adresse
住所
複 die Adressen

□ 004
der Alte
老人
複 die Alten

- -

□ 005
der Angestellte
サラリーマン
複 die Angestellten

□ 006
die Aussicht
見晴らし
複 die Aussichten

□ 007
die Aussprache
発音
複 die Aussprachen

□ 008
der Automat
自動販売機
複 die Automaten

Quick Review 【P. 52】

| □ der Vertrag | □ das Visum | □ der Weg | □ die Welt |
| □ der Wetterbericht | □ das Wiedersehen | □ die Zahl | □ das Ziel |

名詞
動詞
形容詞
副詞
前置詞など

8

Check-3

Die Abgase sind giftig.

その排気ガスは有毒です。

Wer ist der Absender?

送り主は誰ですか？

Das ist meine Adresse.

これは私の住所です。

Die Alten sind sehr gesund.

その老人たちはとても健康です。

Mein Vater ist Angestellter.

私の父はサラリーマンです。

Die Aussicht vom Balkon ist wunderbar.

ベランダからの見晴らしは最高です。

Seine Aussprache ist sehr gut.

彼の発音はとてもいいです。

Der Automat ist außer Betrieb.

その自動販売機は故障しています。

Quick Review

☐ 契約　　☐ ビザ　　☐ 道　　☐ 世界
☐ 天気予報　☐ 再会　　☐ 数　　☐ 目標

Check-1 ▶ Check-2 ◄ 🎧02 ►

□ 009	der Autor	著者 複 die Autoren
□ 010	das Baby	赤ん坊 複 die Babys
□ 011	der Bürger	市民 複 die Bürger
□ 012	die Eile	急ぎ

. . . .

□ 013	das Einkommen	収入 複 die Einkommen
□ 014	der Erwachsene	大人 複 die Erwachsenen
□ 015	der Familienname	姓 複 die Familiennamen
□ 016	der Feiertag	祝日 複 die Feiertage

名詞 / 動詞 / 形容詞 / 副詞 / 前置詞など

Quick Review
☐ das Abgas ☐ der Absender ☐ die Adresse ☐ der Alte
☐ der Angestellte ☐ die Aussicht ☐ die Aussprache ☐ der Automat

CHECK-3

Wer ist der Autor dieses Buchs?

この本の著者は誰ですか？

Das Baby ist aber süß.

その赤ちゃんはとてもかわいいです。

Er ist Bürger von Berlin.

彼はベルリン市民です。

Ich bin in Eile.

私は急いでいます。

· ·

Wie hoch ist dein Einkommen?

君の収入はいくら？

Der Film ist nur für Erwachsene.

その映画は成人向けです。

Wie ist dein Familienname?

君の苗字は何？

Ist morgen ein Feiertag?

明日は祝日ですか？

Quick Review

☐ 排気ガス ☐ 差出人 ☐ 住所 ☐ 老人
☐ サラリーマン ☐ 見晴らし ☐ 発音 ☐ 自動販売機

CHECK-1 ▶ CHECK-2 ◀ 🎧03 ▶

□ 017
die Ferien
休暇

複数名詞

□ 018
das Geschenk
贈り物

複 die Geschenke

□ 019
der Herr
紳士、…氏

複 die Herren

□ 020
der Hit
ヒットソング

複 die Hits

□ 021
das Holz
木材

複 die Hölzer

□ 022
die Klasse
学年

複 die Klassen

□ 023
der Kollege
同僚

複 die Kollegen

□ 024
der Künstler
芸術家

複 die Künstler

Quick Review
- □ der Autor
- □ das Baby
- □ der Bürger
- □ die Eile
- □ das Einkommen
- □ der Erwachsene
- □ der Familienname
- □ der Feiertag

CHECK-3

Wann sind die Ferien?

休暇はいつですか？

Das ist ein Geschenk von meiner Mutter.

これは母からのプレゼントです。

Herr Fischer ist sehr nett.

フィッシャーさんはとても親切です。

Das ist der Hit des Jahres.

これが今年のヒットソングです。

- -

Der Tisch ist aus Holz.

その机は木でできています。

Er ist in der vierten Klasse.

彼は 4 年生です。

Meine Kollegen sind sehr nett.

私の同僚たちはとても親切です。

Er ist ein bekannter Künstler.

彼は有名な芸術家です。

☐ 著者	☐ 赤ん坊	☐ 市民	☐ 急ぎ
☐ 収入	☐ 大人	☐ 姓	☐ 祝日

CHECK-1 ► CHECK-2 ◄ 🎧04 ►

名詞

□ 025
der Krieg
戦争
複 die Kriege

□ 026
das Land
国
複 die Länder

□ 027
die Leistung
業績
複 die Leistungen

□ 028
die Leute
人々
複数名詞

□ 029
das Loch
穴
複 die Löcher

□ 030
das Mal
…回
複 die Male

□ 031
der Mensch
人間
複 die Menschen

□ 032
der Nachbar
隣人
複 die Nachbarn

Quick Review
□ die Ferien   □ das Geschenk   □ der Herr   □ der Hit
□ das Holz   □ die Klasse   □ der Kollege   □ der Künstler

Cʜᴇᴄᴋ-3

Ich bin gegen den Krieg.

私はその戦争に反対です。

Japan ist ein reiches Land.

日本は豊かな国です。

Das war eine große Leistung.

それは偉大な業績でした。

Die Leute in Japan sind immer beschäftigt.

日本にいる人々はいつも忙しいです。

Da ist ein Loch.

そこに穴があります。

Das ist das erste Mal.

それは1回目です。

Jeder Mensch ist anders.

人はそれぞれ異なっています。

Unser Nachbar ist sehr nett.

私たちの隣人はとても親切です。

Quick Review
☐ 休暇 　☐ 贈り物 　☐ 紳士、…氏 　☐ ヒットソング
☐ 木材 　☐ 学年 　☐ 同僚 　☐ 芸術家

CHECK-1 ► CHECK-2 ◄ 🎧05 ►

名詞

□ 033
die Operation
手術
複 die Operationen

□ 034
die Person
人物
複 die Personen

□ 035
die Pflicht
義務
複 die Pflichten

□ 036
das Plastik
プラスチック

□ 037
der Preis
値段
複 die Preise

□ 038
der Profi
プロフェッショナル
複 die Profis

□ 039
die Reihe
列
複 die Reihen

□ 040
die Seite
側面
複 die Seiten

Quick Review

- [ ] der Krieg
- [ ] das Loch
- [ ] das Land
- [ ] das Mal
- [ ] die Leistung
- [ ] der Mensch
- [ ] die Leute
- [ ] der Nachbar

CHECK-3

Die Operation ist gut verlaufen.

手術は無事進みました。

Er ist eine nette Person.

彼は親切な人です。

Das ist deine Pflicht.

それは君の義務です。

Der Teller ist aus Plastik.

その皿はプラスチック製です。

Der Preis ist hoch.

その値段は高いです。

Er ist Profi.

彼はプロフェッショナルです。

Du bist an der Reihe.

君の番です。

Auf der rechten Seite ist ein Hotel.

右側にホテルがあります。

Quick Review

☐ 戦争	☐ 国	☐ 業績	☐ 人々
☐ 穴	☐ …回	☐ 人間	☐ 隣人

名詞

□ 041
das Seminar
ゼミ
複 die Seminare

□ 042
die Situation
状況
複 die Situationen

□ 043
das Spiel
遊び
複 die Spiele

□ 044
das Stadtzentrum
市の中心部
複 die Stadtzentren

□ 045
der Tourist
観光客
複 die Touristen

□ 046
das Verhalten
態度

□ 047
die Vorbereitung
準備
複 die Vorbereitungen

□ 048
das Vorbild
手本
複 die Vorbilder

Quick Review
- [ ] die Operation
- [ ] der Preis
- [ ] die Person
- [ ] der Profi
- [ ] die Pflicht
- [ ] die Reihe
- [ ] das Plastik
- [ ] die Seite

CHECK-3

Das Seminar ist sehr interessant.

そのゼミはとても興味深いです。

Jetzt ist die Situation sehr ernst.

状況は現在とても深刻です。

Was für ein Spiel ist es?

それはどんな遊びですか？

Das Kaufhaus ist im Stadtzentrum.

そのデパートは街の中心部にあります。

Ich bin Tourist.

私は観光客です。

Sein Verhalten ist manchmal unhöflich.

彼の態度は時々失礼です。

Bist du fertig mit der Vorbereitung?

準備はできた？

Er ist mein Vorbild.

彼は私の模範です。

Quick Review

☐ 手術　　　☐ 人物　　　☐ 義務　　　☐ プラスチック
☐ 値段　　　☐ プロフェッショナル　☐ 列　　　☐ 側面

名詞
動詞
形容詞
副詞
前置詞など

Сheck-1 ▶ Сheck-2 ◀ 🎧07 ▶

□ 049
die Angst
不安
複 die Ängste

□ 050
die Antwort
返事
複 die Antworten

□ 051
der Appetit
食欲
複 die Appetite

□ 052
die Arbeit
仕事
複 die Arbeiten

□ 053
der Besuch
訪問
複 die Besuche

□ 054
die Beziehung
関係
複 die Beziehungen

□ 055
die Chance
チャンス
複 die Chancen

□ 056
der Charakter
性格
複 die Charaktere

Quick Review

- [ ] das Seminar
- [ ] die Situation
- [ ] das Spiel
- [ ] das Stadtzentrum
- [ ] der Tourist
- [ ] das Verhalten
- [ ] die Vorbereitung
- [ ] das Vorbild

Check-3

Ich habe Angst.

私は不安です。

Ich habe noch keine Antwort.

私はまだ返事をもらっていません。

Ich habe keinen Appetit.

私は食欲がありません。

Heute habe ich keine Arbeit.

今日、私は仕事がありません。

・・

Wir haben heute Besuch.

私たちは今日お客さんがあります。

Japan hat gute Beziehungen zu Deutschland.

日本はドイツと友好な関係にあります。

Ich habe keine Chance.

私にはチャンスがありません。

Er hat einen guten Charakter.

彼はいい性格をしています。

Quick Review

☐ ゼミ ☐ 状況 ☐ 遊び ☐ 市の中心部
☐ 観光客 ☐ 態度 ☐ 準備 ☐ 手本

名
詞

□ 057
die Energie
活力、エネルギー
複 die Energien

□ 058
die Erfahrung
経験
複 die Erfahrungen

□ 059
der Erfolg
成功
複 die Erfolge

□ 060
das Fieber
熱

□ 061
das Glück
幸運

□ 062
die Hausaufgabe
宿題
複 die Hausaufgaben

□ 063
das Heimweh
ホームシック

□ 064
die Idee
思い付き
複 die Ideen

Quick Review
☐ die Angst ☐ die Antwort ☐ der Appetit ☐ die Arbeit
☐ der Besuch ☐ die Beziehung ☐ die Chance ☐ der Charakter

Check-3

Er hat viel Energie.

彼は十分な活力があります。

Er hat viel Erfahrung.

彼は十分な経験を積んでいます。

Er hat Erfolg mit seiner Firma.

彼は彼の会社で成功を収めている。

Ich habe Fieber.

私は熱があります。

・・・・・・・・・・・・・・・・・・・・・・・・・・・・・・・・・・

Wir haben Glück.

私たちはついています。

Ich habe viele Hausaufgaben.

宿題がたくさんあります。

Ich habe Heimweh.

私はホームシックにかかっています。

Ich habe eine gute Idee.

私はいいアイデアがあります。

名詞

□ 065
die Information
情報

複 die Informationen

□ 066
das Interesse
興味

複 die Interessen

□ 067
der Jugendliche
青少年

複 die Jugendlichen

□ 068
die Kraft
力

複 die Kräfte

□ 069
die Lust
（…したい）気持ち

複 die Lüste

□ 070
der Nachteil
不利

複 die Nachteile

□ 071
der Plan
計画

複 die Pläne

□ 072
das Problem
問題

複 die Probleme

Quick Review
☐ die Energie   ☐ die Erfahrung   ☐ der Erfolg   ☐ das Fieber
☐ das Glück   ☐ die Hausaufgabe   ☐ das Heimweh   ☐ die Idee

CHECK-3

Hast du Informationen über das Konzert?

そのコンサートについての情報ある？

Ich habe Interesse an deutscher Kultur.

私はドイツの文化に興味があります。

Die Jugendlichen haben viel Energie.

その若者たちはエネルギーが一杯です。

Ich habe keine Kraft mehr.

私はもう力がありません（疲れました）。

Hast du Lust auf italienisches Essen?

イタリア料理はどう？（イタリアンを食べる気ある？）

Aber der Plan hat auch einen Nachteil.

しかしその計画には不利な点もあります。

Hast du einen Plan für morgen?

明日、何か予定はある？

Ich habe ein Problem.

私は問題を抱えています。

Quick Review

☐ 活力、エネルギー	☐ 経験	☐ 成功	☐ 熱
☐ 幸運	☐ 宿題	☐ ホームシック	☐ 思い付き

CHECK-1 ▶ CHECK-2 ◀ 🎧10 ▶

名詞

□ 073
das Recht　　　権利
　　　　　　　　　複 die Rechte

□ 074
die Sitzung　　　会議
　　　　　　　　　複 die Sitzungen

□ 075
die Stimme　　　声
　　　　　　　　　複 die Stimmen

□ 076
der Traum　　　夢
　　　　　　　　　複 die Träume

□ 077
die Verspätung　　　遅れ
　　　　　　　　　複 die Verspätungen

□ 078
die Vorstellung　　　紹介、イメージ
　　　　　　　　　複 die Vorstellungen

□ 079
der Vorteil　　　有利
　　　　　　　　　複 die Vorteile

□ 080
die Wahl　　　選択、選挙
　　　　　　　　　複 die Wahlen

Quick Review
- die Information
- die Lust
- das Interesse
- der Nachteil
- der Jugendliche(r)
- der Plan
- die Kraft
- das Problem

CHECK-3

Wir haben Recht.

私たちには権利があります。

Ich habe heute eine wichtige Sitzung.

今日、私は重要な会議があります。

Sie hat eine sehr schöne Stimme.

彼女はとてもいい声をしています。

Ich hatte einen schönen Traum.

私は素敵な夢を見ました。

Der Zug hat Verspätung.

その列車は遅れています。

Hast du eine klare Vorstellung?

はっきりとしたイメージがあるの？

Dieser Job hat viele Vorteile.

この仕事にはたくさんの長所があります。

Du hast keine Wahl.

君に他の選択肢はないよ。

Quick Review

- [ ] 情報
- [ ] 興味
- [ ] 青少年
- [ ] 力
- [ ] （…したい）気持ち
- [ ] 不利
- [ ] 計画
- [ ] 問題

CHECK-1 ▶ CHECK-2 ◀ 🎧11 ▶

名詞

□ 081
das Angebot

申し出、提案

複 die Angebote

□ 082
der Ausflug

遠足

複 die Ausflüge

□ 083
der Fehler

エラー、ミス

複 die Fehler

□ 084
das Feuer

火

複 die Feuer

□ 085
das Foto

写真

複 die Fotos

□ 086
das Interview

インタビュー

複 die Interviews

□ 087
der Lärm

騒音

□ 088
die Pause

休憩

複 die Pausen

Quick Review
☐ das Recht ☐ die Sitzung ☐ die Stimme ☐ der Traum
☐ die Verspätung ☐ die Vorstellung ☐ der Vorteil ☐ die Wahl

CHECK-3

Ich mache Ihnen ein Angebot.

私はあなたに提案があります。

Morgen machen wir einen Ausflug nach Potsdam.

私たちは明日、ポツダムへハイキングに行きます。

Er macht immer Fehler.

彼はミスが多い。

Kannst du Feuer machen?

火をつけてくれる？

- -

Darf ich ein Foto machen?

写真を撮ってもいいですか？

Ich mache ein Interview mit einem Politiker.

私はある政治家にインタビューをします。

Die Baustelle macht großen Lärm.

その工事現場は大きな騒音をたてます。

Wir machen jetzt Pause.

私たちは今、休憩を取ります。

| ☐ 権利 | ☐ 会議 | ☐ 声 | ☐ 夢 |
| ☐ 遅れ | ☐ 紹介、イメージ | ☐ 有利 | ☐ 選択 |

CHECK-1 ▶ CHECK-2 ◀ 🎧12 ▶

名詞

□ 089		
das Praktikum	実習	
	複 die Praktika	

□ 090		
der Schluss	終わり	
	複 die Schlüsse	

□ 091		
der Spaziergang	散歩	
	複 die Spaziergänge	

□ 092		
der Sport	スポーツ	

. . . .

□ 093		
die Übung	練習	
	複 die Übungen	

□ 094		
die Untersuchung	調査	
	複 die Untersuchungen	

□ 095		
der Vergleich	比較	
	複 die Vergleiche	

□ 096		
das Wochenende	週末	
	複 die Wochenenden	

Quick Review

☐ das Angebot ☐ der Ausflug ☐ der Fehler ☐ das Feuer
☐ das Foto ☐ das Interview ☐ der Lärm ☐ die Pause

CHECK-3

Ich mache ein Praktikum.

私は実習をします。

Wir machen Schluss für heute.

今日はこれで終わりにしましょう。

Wir machen einen Spaziergang.

私たちは散歩をします。

Er macht jeden Tag Sport.

彼は毎日スポーツをします。

· ·

Übung macht den Meister.

練習が名人をつくる。(ことわざ)

Er macht eine wissenschaftliche Untersuchung.

彼は科学的な調査を行います。

Ich mache einen Vergleich zwischen Deutschland und Japan.

私はドイツと日本の比較をします。

Was machst du am Wochenende?

週末、何をする？

Quick Review
- ☐ 申し出、提案
- ☐ 写真
- ☐ 遠足
- ☐ インタビュー
- ☐ エラー、ミス
- ☐ 騒音
- ☐ 火
- ☐ 休憩

CHECK-1 ▶ CHECK-2 ◀ 🎧13 ▶

□ 097
die Achtung
注意

□ 098
der Augenblick
瞬間
複 die Augenblicke

□ 099
die Dame
ご婦人
複 die Damen

□ 100
der Dank
感謝

□ 101
die Entschuldigung
言い訳
複 die Entschuldigungen

□ 102
der Gott
神
複 die Götter

□ 103
das Leben
生命

□ 104
das Leid
悲しみ

名詞
動詞
形容詞
副詞
前置詞など

Quick Review
☐ das Praktikum ☐ der Schluss ☐ der Spaziergang ☐ der Sport
☐ die Übung ☐ die Untersuchung ☐ der Vergleich ☐ das Wochenende

CHECK-3

Achtung, Stufe!!

段差に注意！！

Einen Augenblick bitte.

ちょっと待ってください。

Meine Damen und Herren, ...

（スピーチの初めなど）皆さん、…

Vielen Dank!

どうもありがとう！

• •

Entschuldigung.

すみません。（恐れ入りますが）

Gott sei Dank!

やれやれ！

So ist das Leben.

人生とはそういうものです。

Geteiltes Leid ist halbes Leid.

共にする悲しみは半分の悲しみ。（ことわざ）

Quick Review

☐ 実習	☐ 終わり	☐ 散歩	☐ スポーツ
☐ 練習	☐ 調査	☐ 比較	☐ 週末

Check-1 ▶ Check-2 🎧14

名詞

□ 105	
die Mahlzeit	食事
	複 die Mahlzeiten

□ 106	
die Ordnung	秩序
	複 die Ordnungen

□ 107	
die Rechnung	計算
	複 die Rechnungen

□ 108	
der Spaß	楽しみ
	複 die Späße

- -

□ 109	
der Stein	石
	複 die Steine

□ 110	
die Vorsicht	用心

□ 111	
das Weihnachten	クリスマス
	複 die Weihnachten

□ 112	
das Wohl	幸せ

Quick Review
- [ ] die Achtung
- [ ] der Augenblick
- [ ] die Dame
- [ ] der Dank
- [ ] die Entschuldigung
- [ ] der Gott
- [ ] das Leben
- [ ] das Leid

CHECK-3

Mahlzeit!

食事の時間です！

Alles in Ordnung.

万事オーケーです。

Die Rechnung bitte.

支払いをお願いします。

Viel Spaß!!

楽しんできてください！！

・・・

Er schläft wie ein Stein.

彼は石のように眠っています。（ぐっすり眠っている）

Vorsicht!

気をつけて！

Frohe Weihnachten!

メリークリスマス！

Zum Wohl!

乾杯！

Quick Review

☐ 注意   ☐ 瞬間   ☐ ご婦人   ☐ 感謝
☐ 言い訳   ☐ 神   ☐ 生命   ☐ 悲しみ

名詞

CHECK-1 ▶ CHECK-2 ◀ 🎧15 ▶

□ 113
der Abschied
別れ
複 die Abschiede

□ 114
die Altstadt
旧市街
複 die Altstädte

□ 115
der Aufzug
エレベーター
複 die Aufzüge

□ 116
der Ausweis
（身分）証明書
複 die Ausweise

□ 117
der Ball
ボール
複 die Bälle

□ 118
das Beispiel
例
複 die Beispiele

□ 119
die Beschäftigung
仕事
複 die Beschäftigungen

□ 120
der Bescheid
通知
複 die Bescheide

CHECK-3

Leider muss ich jetzt Abschied nehmen.

残念ながらそろそろお別れしなければなりません。

Ich wohne in der Altstadt.

私は旧市街に住んでいます。

Wo ist der Aufzug?

エレベーターはどこですか？

Darf ich Ihren Ausweis sehen?

あなたの証明書を見せていただけますか？

Die Kinder spielen mit dem Ball.

子どもたちはボールで遊びます。

Ich gebe dir jetzt ein Beispiel.

君に今一つ例を示そう。

Ich suche eine Beschäftigung.

私は仕事を探しています。

Ich sage dir Bescheid.

君に報告するね。

Quick Review

- [ ] 食事
- [ ] 石
- [ ] 秩序
- [ ] 用心
- [ ] 計算
- [ ] クリスマス
- [ ] 楽しみ
- [ ] 幸せ

名詞

動詞

形容詞

副詞

前置詞など

□ 121
die Bewerbung
応募
複 die Bewerbungen

□ 122
der Blick
視線
複 die Blicke

□ 123
die Bremse
ブレーキ
複 die Bremsen

□ 124
die Decke
覆い、天井
複 die Decken

□ 125
die E-Mail
Eメール
複 die E-Mails

□ 126
die Einladung
招待
複 die Einladungen

□ 127
das Eis
氷

□ 128
das Erdbeben
地震
複 die Erdbeben

Quick Review
- der Abschied
- die Altstadt
- der Aufzug
- der Ausweis
- der Ball
- das Beispiel
- die Beschäftigung
- der Bescheid

CHECK-3

Ich schreibe eine Bewerbung für ein Stipendium.

私は奨学金の応募書類を書いています。

Er wirft einen Blick auf sie.

彼は彼女をちらりと見ます。

Die Bremse funktioniert nicht.

そのブレーキは機能しません。

Kann ich noch eine Decke bekommen?

ブランケットをもう一枚もらえますか？

Können Sie mir Ihre E-Mail-Adresse geben?

あなたのメールアドレスを教えてくれますか？

Danke für die Einladung!

ご招待ありがとうございます！

Ich esse gern Eis.

私はアイスを食べるのが好きです。

In Japan passieren oft Erdbeben.

日本では地震がよく起こります。

Quick Review

□ 別れ □ 旧市街 □ エレベーター □ 証明書
□ ボール □ 例 □ 仕事 □ 通知

名詞

☐ 129
der Fall
場合
複 die Fälle

☐ 130
der Film
フィルム、映画
複 die Filme

☐ 131
die Flasche
瓶
複 die Flaschen

☐ 132
das Formular
（申し込み）用紙
複 die Formulare

- -

☐ 133
die Freiheit
自由
複 die Freiheiten

☐ 134
die Fremdsprache
外国語
複 die Fremdsprachen

☐ 135
die Geschichte
歴史

☐ 136
die Großstadt
大都市
複 die Großstädte

Quick Review
☐ die Bewerbung ☐ der Blick ☐ die Bremse ☐ die Decke
☐ die E-Mail ☐ die Einladung ☐ das Eis ☐ das Erdbeben

Cʜᴇᴄᴋ-3

Also, ich komme auf jeden Fall.

必ず（どんな場合でも）私は来ますよ。

Wann fängt der Film an?

いつその映画は始まりますか？

Kannst du bitte die Flasche öffnen?

瓶を開けてくれる？

Unterschreiben Sie bitte das Formular.

書類にサインをしてください。

Sie kämpfen für die Freiheit.

彼らは自由のために闘います。

Er spricht vier Fremdsprachen.

彼は4つの外国語を話します。

Ich studiere Geschichte.

私は歴史を勉強しています。

Ich kann nur in einer Großstadt leben.

私は都会にしか住めません。

Quick Review

- ☐ 応募
- ☐ Eメール
- ☐ 視線
- ☐ 招待
- ☐ ブレーキ
- ☐ 氷
- ☐ 覆い
- ☐ 地震

名詞

□ 137
die Gruppe
グループ
複 die Gruppen

□ 138
die Hilfe
助け
複 die Hilfen

□ 139
der Honig
蜂蜜

□ 140
das Instrument
楽器、器具
複 die Instrumente

□ 141
das Internet
インターネット

□ 142
die Kette
鎖、ネックレス
複 die Ketten

□ 143
das Konzert
コンサート
複 die Konzerte

□ 144
die Kunst
芸術
複 die Künste

Quick Review

☐ der Fall	☐ der Film	☐ die Flasche	☐ das Formular
☐ die Freiheit	☐ die Fremdsprache	☐ die Geschichte	☐ die Großstadt

CHECK-3

Wir arbeiten in Gruppen.

私たちはグループ作業をします。

Ich bitte um Hilfe.

助けをお願いします。

Ich trinke gern Tee mit Honig

私は紅茶に蜂蜜を入れて飲むのが好きです。

Spielst du ein Instrument?

何か楽器を弾く？

Er surft immer im Internet.

彼はいつもネットサーフィンをしています。

Du musst deinen Hund an die Kette legen.

君の犬を鎖につながないといけないよ。

Wir gehen heute ins Konzert.

私たちは今日コンサートへ行きます。

Interessierst du dich für moderne Kunst?

現代美術に興味はある？

Quick Review

| ☐ 場合 | ☐ フィルム、映画 | ☐ 瓶 | ☐ (申し込み) 用紙 |
| ☐ 自由 | ☐ 外国語 | ☐ 歴史 | ☐ 大都市 |

名詞

CHECK-1 ► CHECK-2 ◄ 🎧19 ►

□ 145
die Lektion
（教科書の）課
複 die Lektionen

□ 146
das Licht
光
複 die Lichter

□ 147
das Lied
歌
複 die Lieder

□ 148
das Medikament
薬
複 die Medikamente

□ 149
das Mittagessen
昼食

□ 150
das Motorrad
オートバイ
複 die Motorräder

□ 151
die Musik
音楽
複 die Musiken

□ 152
das Paket
小包
複 die Pakete

Quick Review
- [ ] die Gruppe
- [ ] das Internet
- [ ] die Hilfe
- [ ] die Kette
- [ ] der Honig
- [ ] das Konzert
- [ ] das Instrument
- [ ] die Kunst

CHECK-3

Wir fangen heute mit Lektion 3 an.

今日は3課から始めます。

Kannst du bitte das Licht anmachen?

明かりをつけてくれる？

Das Lied gefällt mir gut.

その歌が気に入っています。

Ich muss Medikamente nehmen.

私は薬を飲まなければなりません。

Zum Mittagessen esse ich oft Nudeln.

お昼ごはんに私はよくパスタを食べます。

Er kommt mit dem Motorrad zur Uni.

彼はオートバイで大学に来ます。

Ich höre gern Musik.

私は音楽を聴くのが好きです。

Meine Mutter schickt mir ein Paket mit Essen.

私の母は食べ物を入れた小包を私に送ります。

Quick Review

☐ グループ	☐ 助け	☐ 蜂蜜	☐ 楽器、器具
☐ インターネット	☐ 鎖	☐ コンサート	☐ 芸術

名詞

□ 153
die Party
パーティー
複 die Partys

□ 154
der Patient
患者
複 die Patienten

□ 155
die Pension
年金
複 die Pensionen

□ 156
das Projekt
計画
複 die Projekte

□ 157
die Prüfung
試験
複 die Prüfungen

□ 158
der Punkt
点
複 die Punkte

□ 159
der Rat
助言

□ 160
der Rest
残り
複 die Reste

Quick Review

- [ ] die Lektion
- [ ] das Mittagessen
- [ ] das Licht
- [ ] das Motorrad
- [ ] das Lied
- [ ] die Musik
- [ ] das Medikament
- [ ] das Paket

Cʜᴇᴄᴋ-3

Wir gehen auf eine Party.

私たちはパーティーに行きます。

Es geht dem Patienten jetzt besser.

その患者の具合は良くなってきています。

Er geht in Pension.

彼は年金生活に入ります。

Wir planen ein großes Projekt.

私たちは大きなプロジェクトを計画しています。

Ich muss morgen eine Prüfung schreiben.

私は明日試験を受けなければなりません。

Ich sammle Punkte mit meiner Karte.

私はカードにポイントを貯めています。

Können Sie mir einen Rat geben?

私に助言をいただけますか？

Den Rest esse ich.

残りは私が食べます。

Quick Review
☐ （教科書の）課　☐ 光　☐ 歌　☐ 薬
☐ 昼食　☐ オートバイ　☐ 音楽　☐ 小包

CHECK-1 ▶ CHECK-2 ◀ 🎧21 ▶

□ 161
die Richtung
方向
複 die Richtungen

□ 162
die Rückfahrkarte
往復切符
複 die Rückfahrkarten

□ 163
die Rückkehr
帰還

□ 164
der Satz
文
複 die Sätze

□ 165
der Spielplatz
（子どもの）遊び場
複 die Spielplätze

□ 166
der Stress
ストレス

□ 167
das Stück
部分
複 die Stücke

□ 168
die Telefonnummer
電話番号
複 die Telefonnummern

Quick Review
☐ die Party ☐ der Patient ☐ die Pension ☐ das Projekt
☐ die Prüfung ☐ der Punkt ☐ der Rat ☐ der Rest

CHECK-3

Der Zug fährt Richtung Berlin.

その列車はベルリンの方向へ行きます。

Ich kaufe eine Rückfahrkarte.

私は往復切符を買います。

Sie wartet auf seine Rückkehr.

彼女は彼の帰りを待っています。

Schreiben Sie einen Satz auf Deutsch.

ドイツ語で文を一つ書いてください。

Kinder spielen gern auf dem Spielplatz.

子どもたちは公園で遊ぶのが好きです。

Ich stehe unter Stress.

私はストレスを抱えています。

Möchten Sie ein Stück Kuchen?

ケーキを一切れいかがですか？

Können Sie mir Ihre Telefonnummer geben?

あなたの電話番号を頂けますか？

Quick Review
- [ ] パーティー
- [ ] 試験
- [ ] 患者
- [ ] 点
- [ ] 年金
- [ ] 助言
- [ ] 計画
- [ ] 残り

名詞

□ 169
das Tennis — テニス

□ 170
der Termin — 期日
複 die Termine

□ 171
die Terrasse — テラス
複 die Terrassen

□ 172
das Ticket — チケット
複 die Tickets

□ 173
die Tradition — 伝統
複 die Traditionen

□ 174
die Umwelt — 環境
複 die Umwelten

□ 175
die Unterhaltung — 会話
複 die Unterhaltungen

□ 176
das Verständnis — 理解
複 die Verständnisse

CHECK-3

Ich spiele sehr gern Tennis.

私はテニスをするのがとても好きです。

Bitte halten Sie den Termin ein.

期日を守ってください。

Wollen wir auf der Terrasse Kaffee trinken?

テラスでコーヒーを飲みましょうか？

Hast du schon das Ticket gekauft?

チケットをもう買った？

· ·

Wir sollen unsere Traditionen pflegen.

私たちは伝統を守るべきです。

Wir müssen die Umwelt schützen.

私たちは環境を守らなければなりません。

Ich führe mit ihr eine Unterhaltung.

私は彼女とおしゃべりをします。

Vielen Dank für Ihr Verständnis.

ご理解に感謝いたします。

Quick Review
- [ ] 方向
- [ ] （子どもの）遊び場
- [ ] 往復切符
- [ ] ストレス
- [ ] 帰還
- [ ] 部分
- [ ] 文
- [ ] 電話番号

CHECK-1 ► CHECK-2 ◄ 🎧23 ►

□ 177
der Vertrag
契約
複 die Verträge

□ 178
das Visum
ビザ
複 die Visa

□ 179
der Weg
道
複 die Wege

□ 180
die Welt
世界
複 die Welten

□ 181
der Wetterbericht
天気予報
複 die Wetterberichte

□ 182
das Wiedersehen
再会

□ 183
die Zahl
数
複 die Zahlen

□ 184
das Ziel
目標
複 die Ziele

名詞 動詞 形容詞 副詞 前置詞など

Quick Review
☐ das Tennis ☐ der Termin ☐ die Terrasse ☐ das Ticket
☐ die Tradition ☐ die Umwelt ☐ die Unterhaltung ☐ das Verständnis

CHECK-3

Morgen schließen wir den Vertrag.

明日、私たちは契約を結びます。

Brauchen wir ein Visum?

私たちはビザが必要ですか？

Der Weg führt zum Bahnhof.

その道は駅に続いています。

Die Studenten kommen aus der ganzen Welt.

その学生たちは世界中から来ています。

Was sagt der Wetterbericht?

天気予報は何と言っていますか？

Ich freue mich schon auf unser Wiedersehen!

またお会いできるのを楽しみにしています！

Die Firma schreibt rote Zahlen.

その会社は赤字です。

Ich versuche, mein Ziel zu erreichen.

私は目標を達成するよう努力します。

Quick Review

- [ ] テニス
- [ ] 期日
- [ ] テラス
- [ ] チケット
- [ ] 伝統
- [ ] 環境
- [ ] 会話
- [ ] 理解

1_ 定冠詞の格変化

	男性	中性	女性	複数
1格（〜は）	der Vater	das Kind	die Mutter	die Eltern
3格（〜に）	dem Vater	dem Kind	der Mutter	den Eltern
4格（〜を）	den Vater	das Kind	die Mutter	die Eltern

2_ 不定冠詞の格変化

	男性	中性	女性
1格（〜は）	ein Stift	ein Buch	eine Uhr
3格（〜に）	einem Stift	einem Buch	einer Uhr
4格（〜を）	einen Stift	ein Buch	eine Uhr

3_ 所有冠詞の格変化

	男性	中性	女性	複数
1格（〜は）	mein Stift	mein Buch	meine Uhr	meine Schuhe
3格（〜に）	meinem Stift	meinem Buch	meiner Uhr	meinen Schuhen
4格（〜を）	meinen Stift	mein Buch	meine Uhr	meine Schuhe

4 _ 所有冠詞の人称変化　◀ 🔊57 ▶

	単数	複数
一人称	ich ➡ mein	wir ➡ unser
二人称	du ➡ dein Sie ➡ Ihr	ihr ➡ euer Sie ➡ Ihr
三人称	er ➡ sein sie ➡ ihr es ➡ sein	sie ➡ ihr

5 _ 人称代名詞の格変化　◀ 🔊58 ▶

	一人称（単）	二人称（単）		三人称（単）		
1格（〜は）	ich	du	Sie	er	es	sie
3格（〜に）	mir	dir	Ihnen	ihm	ihm	ihr
4格（〜を）	mich	dich	Sie	ihn	es	sie

	一人称（複）	二人称（複）		三人称（複）
1格（〜は）	wir	ihr	Sie	sie
3格（〜に）	uns	euch	Ihnen	ihnen
4格（〜を）	uns	euch	Sie	sie

Memo

動 詞

■分離動詞

動詞の前に付いている、前つづりが分離する複合動詞を「分離動詞」といいます。

辞書には前つづりと基礎動詞の間に線を入れて表示されます。

例) mit|kommen

前つづりは常にアクセントを持ち、分離して文末に置かれます。

mitkommen → Ich komme mit.

■再帰動詞

主語を受ける代名詞（再帰代名詞）を必ず必要とする動詞を再帰動詞といいます。

再帰代名詞は人称代名詞（55 ページ）と同じですが、敬称 2 人称と 3 人称では sich を使います。

例) sich freuen

ich freue mich	wir freuen uns
du freust dich	ihr freut euch
Sie freuen sich	Sie freuen sich
er freut sich	sie freuen sich

※数字は、音声のトラック番号です

☐ 185
ab|hängen
…しだいである

☐ 186
an|fassen
触れる

☐ 187
an|zünden
火をつける

☐ 188
auf|machen
開ける

☐ 189
auf|räumen
片付ける

☐ 190
auf|schreiben
メモする

☐ 191
aus|gehen
外出する

☐ 192
ein|fallen
念頭に浮かぶ

不規則 − 1　☞【P. 90 参照】

Quick Review
☞【P. 88】

☐ versuchen　☐ verweigern　☐ verwenden　☐ verzeihen
☐ verkaufen　☐ wachsen　☐ wählen　☐ zählen

CHECK-3

Das hängt von dir ab.

それは君しだいだよ。

Fassen Sie die Bilder bitte nicht an.

その絵に触らないでください。

Die Kerzen werden angezündet.

ろうそくに火がともされます。

Darf ich das Fenster aufmachen?

窓を開けていいですか？

Ich muss mein Zimmer aufräumen.

私は部屋を片付けなければなりません。

Bitte schreiben Sie Ihre Telefonnummer auf.

あなたの電話番号を書いてください。

Ich gehe heute Abend aus.

私は今日の夜、外出します。

Mir fällt nichts ein.

私には何も思い付きません。

Quick Review

☐ 試みる ☐ 拒む ☐ 使う ☐ 許す
☐ 売る ☐ 成長する ☐ 選ぶ ☐ 数える

□ 193
ein|richten 備え付ける

□ 194
ein|schlafen 眠り込む
不-1

□ 195
fest|machen 固定する

□ 196
mit|kommen 一緒に来る

・・

□ 197
mit|nehmen 持っていく

□ 198
statt|finden 行われる

□ 199
teil|nehmen 参加する

□ 200
um|tauschen 取り換える

Quick Review

□ abhängen　□ anfassen　□ anzünden　□ aufmachen
□ aufräumen　□ aufschreiben　□ ausgehen　□ einfallen

名詞 / 分離動詞 / 形容詞 / 副詞 / 前置詞など

CHECK-3

Ich möchte mein Zimmer japanisch einrichten.

私は自分の部屋を和風にしたいです。

Das Baby schläft bald ein.

その赤ちゃんは間もなく眠りに落ちるでしょう。

Können wir jetzt einen Termin festmachen?

予約を今、確定できますか？

Kommst du auch mit?

一緒に来る？

- -

Du sollst einen Regenschirm mitnehmen.

傘を持っていったほうがいいよ。

Heute findet ein Seminar statt.

今日、セミナーが開催されます。

Ich nehme an einem Seminar teil.

私はセミナーに参加します。

Können Sie den Rock umtauschen?

このスカートを交換していただけますか？

CHECK-1 ▶ CHECK-2 ◀ ⚡26 ▶

□ 201
vor|haben
不-4
予定している

□ 202
zu|machen
閉める

□ 203
zurück|bekommen
返してもらう

□ 204
zurück|fahren
不-1
（乗り物にのって）帰る

· ·

□ 205
zurück|geben
不-2
返す

□ 206
zurück|gehen
戻る

□ 207
zurück|kehren
戻ってくる

□ 208
zurück|kommen
帰ってくる

Quick Review
- [ ] einrichten
- [ ] einschlafen
- [ ] festmachen
- [ ] mitkommen
- [ ] mitnehmen
- [ ] stattfinden
- [ ] teilnehmen
- [ ] umtauschen

Check-3

Was hast du vor?

何か予定はある？

Machen Sie bitte die Tür zu!

ドアを閉めてください！

Ich bekomme mein Handy zurück.

私は携帯を返してもらいます。

Wir fahren mit dem Taxi zurück.

私たちはタクシーで戻ります。

Ich gebe die Bücher zurück.

私はこれらの本を返します。

Ich gehe nach Hause zurück.

私は自宅に戻ります。

Wir kehren nach Japan zurück.

私たちは日本に戻ります。

Wann kommst du zurück?

いつ帰ってくる？

Quick Review
| □ 備え付ける | □ 眠り込む | □ 固定する | □ 一緒に来る |
| □ 持っていく | □ 行われる | □ 参加する | □ 取り換える |

Cʜᴇᴄᴋ-1 ▶ Cʜᴇᴄᴋ-2 ◀ 🎧27 ▶

□ 209
beeilen
急ぐ

□ 210
beschweren
苦情を言う

□ 211
bewerben
応募する
不-2

□ 212
entwickeln
発展する

□ 213
erholen
元気を取り戻す

□ 214
erinnern
思い出す

□ 215
erkälten
風邪をひく

□ 216
freuen
喜ぶ

名詞

再帰動詞

形容詞

副詞

前置詞など

CHECK-3

Wir müssen uns beeilen.

私たちは急がなければなりません。

Er beschwert sich über alles.

彼は全てのことに文句を言います。

Ich bewerbe mich um ein Stipendium.

私は奨学金に応募します。

Technologie entwickelt sich immer weiter.

テクノロジーはさらに進化します。

Ich möchte mich erholen.

私は疲れを取りたいです。

Ich erinnere mich an meine Kindheit.

私は子ども時代を思い出します。

Ich darf mich jetzt nicht erkälten.

私は今、風邪をひくわけにはいきません。

Ich freue mich sehr auf das Konzert.

私はそのコンサートがとても楽しみです。

Quick Review

| □ 予定している | □ 閉める | □ 返してもらう | □ 帰る |
| □ 返す | □ 戻る | □ 戻ってくる | □ 帰ってくる |

☐ 217

interessieren

興味を持つ

☐ 218

konzentrieren

(精神を) 集中する

☐ 219

lohnen

…するに値する

☐ 220

setzen

座る

・・・

☐ 221

unterhalten

語り合う

不-1

☐ 222

gewöhnen

慣れる

☐ 223

verlieben

ほれ込む

☐ 224

verspäten

遅れる

| ☐ beeilen | ☐ beschweren | ☐ bewerben | ☐ entwickeln |
| ☐ erholen | ☐ erinnern | ☐ erkälten | ☐ freuen |

CHECK-3

Ich interessiere mich für deutsche Kultur.

私はドイツの文化に興味を持っています。

Ich muss mich auf die Arbeit konzentrieren.

私は仕事に集中しなければなりません。

Es lohnt sich.

それは価値があります。

Setzen Sie sich bitte!

どうぞお座りください！

・・・

Wir unterhalten uns über das Konzert.

私たちはそのコンサートについて話します。

Wir haben uns an das Leben in Deutschland gewöhnt.

私たちは、ドイツでの生活に慣れました。

Ich habe mich in dich verliebt.

君のことが好きになりました。

Der Zug hat sich verspätet.

その列車は遅れました。

Quick
Review
- [ ] 急ぐ
- [ ] 元気を取り戻す
- [ ] 苦情を言う
- [ ] 思い出す
- [ ] 応募する
- [ ] 風邪をひく
- [ ] 発展する
- [ ] 喜ぶ

CHECK-1 ▶ CHECK-2 ◀ 🎧29 ▶

□ 225
atmen
呼吸する

□ 226
backen
焼く

□ 227
baden
入浴する

□ 228
bauen
建てる

□ 229
bedeuten
意味する

□ 230
beschließen
決心する

□ 231
besitzen
所有している

□ 232
bestätigen
確認する

Quick Review
- [ ] interessieren
- [ ] unterhalten
- [ ] konzentrieren
- [ ] gewöhnen
- [ ] lohnen
- [ ] verlieben
- [ ] setzen
- [ ] verspäten

CHECK-3

Bitte ganz ruhig atmen.

ゆっくりと呼吸をしてください。

Meine Mutter kann sehr gut backen.

私の母は（ケーキやクッキーを）焼くのが上手です。

Ich bade jeden Tag.

私は毎日湯船につかります。

Er baut ein Haus auf dem Land.

彼は田舎に家を建てます。

Was bedeutet das?

これはどういう意味ですか？

Ich habe beschlossen, ins Ausland zu fahren.

私は外国に行く決心をしました。

Er besitzt viele Autos.

彼はたくさんの車を所有しています。

Bitte bestätigen Sie Ihre Geheimnummer.

暗証番号を確認してください。

Quick Review

☐ 興味を持つ	☐ （精神を）集中する	☐ …するに値する	☐ 座る
☐ 語り合う	☐ 慣れる	☐ ほれ込む	☐ 遅れる

CHECK-1 ▶ CHECK-2 ◀ 🎧30 ▶

□ 233
bestehen
…から成る

□ 234
bestrafen
罰する

□ 235
beten
祈る

□ 236
betreuen
世話をする

□ 237
bilden
形作る

□ 238
bitten
頼む

□ 239
blicken
目を向ける

□ 240
blühen
咲いている

Quick Review

- [ ] atmen
- [ ] bedeuten
- [ ] backen
- [ ] beschließen
- [ ] baden
- [ ] besitzen
- [ ] bauen
- [ ] bestätigen

70

CHECK-3

Der Aufsatz besteht aus drei Teilen.

その論文は３部から構成されています。

Der Lehrer bestraft den Schüler sehr hart.

先生はその生徒をとても厳しく罰します。

Wir beten immer vor dem Abendessen.

夕食の前に私たちはいつもお祈りをします。

Er betreut seine Oma.

彼は彼のおばあさんの世話をします。

Die Kinder bilden einen Kreis und tanzen.

子どもたちは輪を作って踊ります。

Ich bitte Sie um Verständnis.

ご理解いただけるようお願いします。

Er blickt voller Hoffnung in die Zukunft.

彼は希望を持って未来を見つめています。

Die Flieder blühen.

リラの花が咲いています。

Quick Review
- [ ] 呼吸する
- [ ] 焼く
- [ ] 入浴する
- [ ] 建てる
- [ ] 意味する
- [ ] 決心する
- [ ] 所有している
- [ ] 確認する

Сheck-1 ▶ Сheck-2 ◄ 🎧31 ►

□ 241
brechen
不 − 2
折る

□ 242
brennen
燃える

□ 243
dauern
続く（時間がかかる）

□ 244
decken
覆う

・・・

□ 245
drehen
回す

□ 246
empfangen
不 − 1
受け取る

□ 247
empfehlen
不 − 3
勧める、推薦する

□ 248
entschuldigen
許す

Check-3

Sie bricht oft ihr Wort.

彼女は約束をよく破ります。

Der Wald brennt.

森が燃えています。

Der Film dauert zwei Stunden.

その映画は 2 時間かかります。

Schnee deckt die Stadt.

雪が街を覆います。

Drehen Sie Ihren Kopf nach links.

頭を左に向けてください。

Ich habe eine E-Mail empfangen.

私はメールを受け取りました。

Was können Sie mir empfehlen?

何がお勧めですか？

Entschuldigen Sie bitte.

すみません。

Quick Review

| □ …から成る | □ 罰する | □ 祈る | □ 世話をする |
| □ 形作る | □ 頼む | □ 目を向ける | □ 咲いている |

□ 249

entsprechen
不-2

一致する

□ 250

erklären

説明する

□ 251

erledigen

済ます

□ 252

folgen

ついていく

・・

□ 253

frühstücken

朝食を食べる

□ 254

führen

導く

□ 255

gehören

…のものである

□ 256

gelten
不-2

有効である

Quick Review

| ☐ brechen | ☐ brennen | ☐ dauern | ☐ decken |
| ☐ drehen | ☐ empfangen | ☐ empfehlen | ☐ entschuldigen |

CHECK-3

Ein Euro entspricht ca. 105 Yen.

1ユーロはおおよそ 105 円に相当します。

Kannst du mir das nochmal erklären?

私にもう 1 回説明してくれる？

Ich muss noch die Arbeit erledigen.

私はまだその仕事を片付けなければなりません。

Ich folge dir.

君についていきます。

Ich frühstücke nicht.

私は朝食を食べません。

Der Kellner führt Sie zu Ihrem Tisch.

ウエーターが席までご案内します。

Die Uhr gehört mir.

その時計は私のものです。

Die Fahrkarte gilt vier Tage.

この乗車券は 4 日間有効です。

Quick Review

- [ ] 折る
- [ ] 回す
- [ ] 燃える
- [ ] 受け取る
- [ ] 続く（時間がかかる）
- [ ] 勧める、推薦する
- [ ] 覆う
- [ ] 許す

Сheck-1 ▶ Сheck-2 ◀ 🎧33 ▶

名詞

□ 257
genießen
楽しむ

動詞

□ 258
geschehen
不-3
起こる

□ 259
grüßen
あいさつする

形容詞

□ 260
halten
不-1
持っている

・・・

副詞

□ 261
hängen
掛かっている

□ 262
hängen
掛ける

接続詞など

□ 263
heiraten
結婚する

□ 264
holen
取ってくる

Quick Review
- [ ] entsprechen
- [ ] frühstücken
- [ ] erklären
- [ ] führen
- [ ] erledigen
- [ ] gehören
- [ ] folgen
- [ ] gelten

CHECK-3

Ich genieße meine Zeit in Deutschland.

私はドイツでの時間を楽しみます。

Was geschehen ist, ist geschehen.

起こってしまったことは、起こってしまったことだ。

Sie grüßt immer freundlich.

彼女はいつも感じよくあいさつをします。

Ich halte mein Versprechen.

私は約束を守ります。

Das Bild hängt an der Wand.

その絵は壁に掛かっています。

Ich hänge das Foto an die Wand.

私は写真を壁に掛けます。

Sie will ihn heiraten.

彼女は彼と結婚するつもりです。

Ich hole Ihnen einen Stift.

あなたにペンを持ってきましょう。

Quick Review

☐ 一致する	☐ 説明する	☐ 済ます	☐ ついていく
☐ 朝食を食べる	☐ 導く	☐ …のものである	☐ 有効である

CHECK-1 ▶ CHECK-2 ◀ 🎧34 ▶

□ 265
informieren　　　情報を与える

□ 266
klagen　　　苦情を言う

□ 267
klappen　　　うまくいく

□ 268
klopfen　　　たたく

・・・・・・・・・・・・・・・・・・・・・・・・・・・・・・・・・・・・・・

□ 269
leeren　　　空にする

□ 270
lehren　　　教える

□ 271
leidtun　　　残念がらせる

□ 272
loben　　　褒める

Quick Review
□ genießen　□ geschehen　□ grüßen　□ halten
□ hängen　□ hängen　□ heiraten　□ holen

78

CHECK-3

Kannst du mich über den Termin informieren?

その期日に関して私に知らせてくれる？

Sie klagt über Bauchschmerzen.

彼女は腹痛を訴えています。

Hat es geklappt?

うまくいった？

Jemand klopft an die Tür.

誰かが扉をたたいています。

Das Baby leert die Flasche.

その赤ちゃんは哺乳瓶を空にします。

Ich lehre Deutsch.

私はドイツ語を教えています。

Es tut mir leid.

ごめんなさい。

Der Lehrer lobt den Schüler.

先生はその生徒を褒めます。

Quick Review

☐ 楽しむ ☐ 起こる ☐ あいさつする ☐ 持っている
☐ 掛かっている ☐ 掛ける ☐ 結婚する ☐ 取ってくる

□ 273
lügen
うそをつく

□ 274
malen
描く、塗る

□ 275
meinen
思う

□ 276
nicken
うなずく

□ 277
parken
駐車する

□ 278
passen
ぴったり合う

□ 279
planen
計画する

□ 280
produzieren
生産する

Quick Review
□ informieren　□ klagen　□ klappen　□ klopfen
□ leeren　□ lehren　□ leidtun　□ loben

Check-3

Du darfst nicht lügen.

うそをついてはいけないよ。

Er malt sehr gut.

彼は絵を上手に描きます。

Was meinst du?

君はどう思う？

Er nickt.

彼はうなずきます。

・・・

Darf man hier parken?

ここに駐車してもいいですか？

Der Anzug passt ihm.

その背広は彼に似合っています。

Wir planen unseren Urlaub.

私たちは休暇を計画しています。

Die Fabrik produziert Autos.

その工場は車を生産しています。

Quick Review

- [ ] 情報を与える
- [ ] 空にする
- [ ] 苦情を言う
- [ ] 教える
- [ ] うまくいく
- [ ] 残念がらせる
- [ ] たたく
- [ ] 褒める

Снеск-1 ▶ Снеск-2 ◀ 🎧36 ▶

□ 281
protestieren
抗議する

□ 282
raten
推測する

不-1

□ 283
reagieren
反応する

□ 284
rechnen
計算する

□ 285
reden
話す

□ 286
reizen
刺激する

□ 287
rennen
走る

□ 288
rufen
呼ぶ

Quick Review
☐ lügen　　☐ malen　　☐ meinen　　☐ nicken
☐ parken　　☐ passen　　☐ planen　　☐ produzieren

Cʜᴇᴄᴋ-3

Wir protestieren gegen die Entscheidung.

私たちはその決定に対して抗議します。

Rate mal!

当ててごらん！

Sie reagiert nicht auf seine Provokation.

彼女は彼の挑発に反応しない。

Ich kann nicht schnell rechnen.

私は速く計算ができません。

Er redet viel.

彼はよく話します。

Das Wasser im Schwimmbad reizt meine Haut.

プールの水は私の肌を刺激します。

Er rennt sehr schnell.

彼はとても速く走ります。

Rufen Sie bitte die Polizei!

警察を呼んでください！

 Quick Review

| ☐ うそをつく | ☐ 描く、塗る | ☐ 思う | ☐ うなずく |
| ☐ 駐車する | ☐ ぴったり合う | ☐ 計画する | ☐ 生産する |

CHECK-1 ▶ CHECK-2 ◀ 🎧37 ▶

☐ 289
sammeln
集める

☐ 290
schaffen
やり遂げる

☐ 291
scheinen
輝く

☐ 292
schmecken
味がする

☐ 293
schützen
守る

☐ 294
sparen
蓄える

☐ 295
spazieren
ぶらつく

☐ 296
stehen
立っている

Quick Review
☐ protestieren   ☐ raten   ☐ reagieren   ☐ rechnen
☐ reden   ☐ reizen   ☐ rennen   ☐ rufen

Cʜᴇᴄᴋ-3

Er sammelt Münzen.

彼はコインを集めています。

Du schaffst es!

君ならできる！

Die Sonne scheint.

太陽が輝いています。

Der Kuchen schmeckt gut!

そのケーキはおいしい！

Wir schützen die Tiere.

私たちは動物を保護します。

Er spart gar nicht.

彼は全く蓄えがありません。

Wir spazieren im Park.

私たちは公園の中を散歩します。

Da steht ein Baum.

そこに木が1本立っています。

Quick Review

☐ 抗議する	☐ 推測する	☐ 反応する	☐ 計算する
☐ 話す	☐ 刺激する	☐ 走る	☐ 呼ぶ

Cʜᴇᴄᴋ-1 ▶ Cʜᴇᴄᴋ-2 ◀ 🎧38 ▶

□ 297
steigen
登る、上がる

□ 298
stimmen
合っている

□ 299
telefonieren
電話で話す

□ 300
träumen
夢を見る

・・

□ 301
treten
不－2
歩む

□ 302
übersetzen
翻訳する

□ 303
unterrichten
授業をする

□ 304
vergessen
不－2
忘れる

Qᴜɪᴄᴋ Review
☐ sammeln ☐ schaffen ☐ scheinen ☐ schmecken
☐ schützen ☐ sparen ☐ spazieren ☐ stehen

CHECK-3

Die Temperatur steigt.

温度が上昇しています。

Das stimmt.

その通り。

Ich telefoniere mit meiner Mutter.

私は母と電話で話します。

Ich träume oft von meiner Großmutter.

私はよく祖母の夢を見ます。

・・・

Treten Sie bitte zur Seite.

脇によけてください。

Ich übersetze einen Brief ins Deutsche.

私は手紙をドイツ語に訳します。

Ich unterrichte Deutsch.

私はドイツ語を教えています。

Ich vergesse immer seinen Namen.

私はいつも彼の名前を忘れてしまいます。

Quick Review
☐ 集める ☐ やり遂げる ☐ 輝く ☐ 味がする
☐ 守る ☐ 蓄える ☐ ぶらつく ☐ 立っている

CHECK-1 ▶ CHECK-2 ◀ 🎧39 ▶

名詞

動詞

形容詞

副詞

前置詞など

□ 305
versuchen
試みる

□ 306
verweigern
拒む

□ 307
verwenden
使う

□ 308
verzeihen
許す

・・・

□ 309
verkaufen
売る

□ 310
wachsen
不−1
成長する

□ 311
wählen
選ぶ

□ 312
zählen
数える

Quick Review
☐ steigen ☐ stimmen ☐ telefonieren ☐ träumen
☐ treten ☐ übersetzen ☐ unterrichten ☐ vergessen

Снеск-3

Ich versuche alles.

できるだけのことをやってみます。

Er hat vor Gericht die Aussage verweigert.

彼は法廷での証言を拒みました。

Wie kann ich das Gerät verwenden?

この機器をどう使えばいいのですか？

Verzeihen Sie bitte!

すみません！

• •

Ich verkaufe mein Auto.

私は自分の車を売ります。

Die Kinder wachsen sehr schnell.

子どもたちの成長はとても早いです。

Ich wähle den Bürgermeister.

私はその市長を選びます。

Ich zähle bis hundert.

私は 100 まで数えます。

Quick Review

☐ 登る、上がる	☐ 合っている	☐ 電話で話す	☐ 夢を見る
☐ 歩む	☐ 翻訳する	☐ 授業をする	☐ 忘れる

1 _ 規則動詞

◀ **⌂59** ▶

ich komme	wir kommen
du kommst	ihr kommt
er kommt	sie kommen

2 _ 不規則動詞 - 1

◀ **⌂60** ▶

a ⟶	ä	
ich fahre	du fährst	er fährt

3 _ 不規則動詞 - 2

◀ **⌂61** ▶

e ⟶	i	
ich spreche	du sprichst	er spricht

4 _ 不規則動詞 - 3

◀ **⌂62** ▶

e ⟶	ie	
ich sehe	du siehst	er sieht

5 _ 不規則動詞 - 4 （haben）

◀ **⌂63** ▶

ich habe	wir haben
du hast	ihr habt
er hat	sie haben

6 _ 不規則動詞 - 5 （sein）

◀ **⌂64** ▶

ich bin	wir sind
du bist	ihr seid
er ist	sie sind

7 _ 不規則動詞 - 6 （wissen）

◀ **⌂65** ▶

ich weiß	wir wissen
du weißt	ihr wisst
er weiß	sie wissen

	dürfen	können	mögen
ich	darf	kann	mag
du	darfst	kannst	magst
er/sie/es	darf	kann	mag
wir	dürfen	können	mögen
ihr	dürft	könnt	mögt
Sie/sie	dürfen	können	mögen

	müssen	sollen	wollen
ich	muss	soll	will
du	musst	sollst	willst
er/sie/es	muss	soll	will
wir	müssen	sollen	wollen
ihr	müsst	sollt	wollt
Sie/sie	müssen	sollen	wollen

Memo

形容詞 / 副詞

※数字は、音声のトラック番号です

CHECK-1 ▶ CHECK-2 ◀ 🎧40 ▶

□ 313
abhängig …しだいの

□ 314
ähnlich 似ている

□ 315
allein 一人っきりの

□ 316
allgemein 一般的な

□ 317
alternativ 二者択一の、代わりになる

□ 318
ander もう一方の

□ 319
angenehm 快適な

□ 320
anstrengend 骨の折れる

CHECK-3

Sie ist abhängig von ihren Eltern.

彼女は彼女の両親に依存しています。

Sie ist ihrer Mutter ähnlich.

彼女は彼女のお母さんに似ています。

Hier sind wir ganz allein.

ここには私たちだけです。

Das ist die allgemeine Meinung.

それは一般的な考えです。

Ich bin für alternative Energien.

私は代替エネルギーに賛成です。

Er hat eine andere Meinung.

彼は異なった意見を持っています。

Hier ist es sehr angenehm.

ここはとても快適です。

Das ist sehr anstrengend.

これは非常に骨が折れます。

Quick Review

☐ 不気味な　　☐ 責任のある　　☐ 禁じられた　　☐ 真実の
☐ 柔らかい　　☐ 素晴らしい　　☐ とてもきれいな　☐ 満足した

名詞

動詞

形容詞

副詞

前置詞など

□ 321
anwesend　　　　出席している

□ 322
ausgezeichnet　　抜群の

□ 323
bequem　　　　　快適な

□ 324
bereit　　　　　　用意のできた

・・・・・・・・・・・・・・・・・・・・・・・・・・・・・・・・

□ 325
beruflich　　　　職務上の

□ 326
berufstätig　　　仕事に就いている

□ 327
besetzt　　　　　ふさがっている

□ 328
besser　　　　　より良い

Qᴜɪᴄᴋ Review
☐ abhängig　　☐ ähnlich　　☐ allein　　☐ allgemein
☐ alternativ　　☐ ander　　☐ angenehm　　☐ anstrengend

CHECK-3

Sie ist nicht anwesend.

彼女は出席していません。

Das Konzert war ausgezeichnet.

そのコンサートは素晴らしかったです。

Das Sofa ist sehr bequem.

そのソファーはとても快適です。

Ich bin bereit.

準備ができています。

Was machen Sie beruflich?

お仕事は何をなさっていますか？

Ich bin berufstätig.

私は仕事に就いています。

Das Telefon ist besetzt.

電話は話し中です（ふさがっています）。

Ich spreche besser Deutsch als Englisch.

私は英語よりドイツ語をうまく話します。

☐ …しだいの	☐ 似ている	☐ 一人っきりの	☐ 一般的な
☐ 二者択一の、代わりになる	☐ もう一方の	☐ 快適な	☐ 骨の折れる

CHECK-1 ▶ CHECK-2 ◄ 🎧42 ►

□ 329
best　　　　　　　　最も良い

□ 330
bestimmt　　　　　　定められた

□ 331
blond　　　　　　　　ブロンドの

□ 332
braun　　　　　　　　茶色の

・・

□ 333
breit　　　　　　　　幅の広い

□ 334
deutlich　　　　　　はっきりした

□ 335
echt　　　　　　　　本物の

□ 336
egal　　　　　　　　どうでもよい

名詞　動詞　形容詞　副詞　前置詞など

Quick Review
☐ anwesend　☐ ausgezeichnet　☐ bequem　☐ bereit
☐ beruflich　☐ berufstätig　☐ besetzt　☐ besser

CHECK-3

Sie ist meine beste Freundin.

彼女は私の一番の友人です。

Du kannst nur mit einem bestimmten Auto fahren.

君は決まった車でしか行くことはできません。

Sie hat blonde Haare.

彼女は金髪です。

Er hat braunes Haar.

彼は茶色の髪をしています。

Hier ist eine breite Straße.

ここは（道）幅の広い道路です。

Das Foto ist nicht sehr deutlich.

その写真はあまり鮮明ではありません。

Ist der Diamant echt?

このダイヤモンドは本物ですか？

Es ist mir egal.

それは私にはどうでもいいことです。

☐ 出席している	☐ 抜群の	☐ 快適な	☐ 用意のできた
☐ 職務上の	☐ 仕事に就いている	☐ ふさがっている	☐ より良い

CHECK-1 ▶ CHECK-2 ◀ 🔊43 ▶

名詞

動詞

形容詞

□ 337
ehrlich　　　　　　　　正直な

□ 338
einsam　　　　　　　　孤独な

□ 339
erst　　　　　　　　　初めの

□ 340
fein　　　　　　　　　細かい

副詞

前置詞など

□ 341
fertig　　　　　　　　出来上がった

□ 342
fit　　　　　　　　コンディションが良い

□ 343
frei　　　　　　　　　自由な

□ 344
fremd　　　　　　　　未知の、不案内の

Quick Review
- [ ] best
- [ ] breit
- [ ] bestimmt
- [ ] deutlich
- [ ] blond
- [ ] echt
- [ ] braun
- [ ] egal

CHECK-3

Sei ehrlich!

正直になりなさい！

Er ist sehr einsam.

彼はとても孤独です。

Das ist der erste Zug nach Berlin.

それはベルリン行きの始発列車です。

Das ist eine feine Arbeit.

これは細かい仕事です。

Das Essen ist fertig!

食事の用意ができました！

Er ist fit.

彼はコンディションがいいです。

Ich habe heute frei.

私は今日、時間があります。

Ich bin hier fremd.

私はここは不案内です。

Quick Review

☐ 最も良い   ☐ 定められた   ☐ ブロンドの   ☐ 茶色の
☐ 幅の広い   ☐ はっきりした   ☐ 本物の   ☐ どうでもよい

名詞
動詞
形容詞
副詞
前置詞など

☐ 345
froh
うれしい

☐ 346
geboren
生まれた

☐ 347
genau
正確な

☐ 348
getrennt
分けられた

☐ 349
hart
固い

☐ 350
herzlich
心からの

☐ 351
hübsch
美しい

☐ 352
langweilig
退屈な

Quick Review
☐ ehrlich ☐ einsam ☐ erst ☐ fein
☐ fertig ☐ fit ☐ frei ☐ fremd

CHECK-3

Ich bin froh!
うれしい！

Er ist in Berlin geboren.
彼はベルリンで生まれました。

Genau richtig!
まったくその通りです！

Zusammen oder getrennt?
（お支払いは）一緒ですか、それとも別々ですか？

Die Matratze ist hart.
そのマットレスは硬いです。

Herzlichen Glückwunsch!
おめでとうございます！

Sie ist sehr hübsch.
彼女はとても美しいです。

Der Film war langweilig.
その映画はつまらなかった。

Quick Review
- ☐ 正直な
- ☐ 出来上がった
- ☐ 孤独な
- ☐ コンディションが良い
- ☐ 初めの
- ☐ 自由な
- ☐ 細かい
- ☐ 未知の、不案内の

Сheck-1 ▶ Сheck-2 ◄ 🎧45 ►

□ 353
leer
空の (から)

□ 354
letzt
最後の

□ 355
lieb
愛する

□ 356
lustig
愉快な

□ 357
logisch
論理的な

□ 358
merkwürdig
奇妙な

□ 359
modern
モダンな

□ 360
möglich
可能な

Quick Review
□ froh
□ hart
□ geboren
□ herzlich
□ genau
□ hübsch
□ getrennt
□ langweilig

104

Die Flasche ist leer.

その瓶は空です。

Das ist der letzte Zug nach Köln.

これはケルン行きの最終列車です。

Sie ist sehr lieb.

彼女はとても可愛らしい / 感じがいいです。

Das ist eine lustige Geschichte.

それは愉快な話です。

* *

Das ist logisch.

それはもっともです。

Das ist aber merkwürdig.

それはしかし奇妙ですね。

Der Stuhl ist sehr modern.

そのいすはとてもモダンです。

Das ist möglich.

それは可能です。

☐ うれしい	☐ 生まれた	☐ 正確な	☐ 分けられた
☐ 固い	☐ 心からの	☐ 美しい	☐ 退屈な

CHECK-1 ▶ CHECK-2 ◄ 🎧46 ►

名詞
動詞
形容詞
副詞
前置詞など

□ 361
musikalisch
音楽の

□ 362
nächst
最も近い

□ 363
nass
濡れた

□ 364
nervös
神経質な

• •

□ 365
offen
開いている

□ 366
reif
熟した

□ 367
rein
純粋な

□ 368
reserviert
予約した

Quick Review

☐ leer	☐ letzt	☐ lieb	☐ lustig
☐ logisch	☐ merkwürdig	☐ modern	☐ möglich

CHECK-3

Sie ist musikalisch begabt.

彼女は音楽的に才能があります。

Nächstes Wochenende fahren wir an die Ostsee.

来週末、私たちはバルト海に行きます。

Das Tuch ist noch nass.

その布はまだ濡れています。

Der Lehrer ist immer sehr nervös.

その先生はいつもとても神経質です。

Das Fenster ist offen.

その窓は開いています。

Die Trauben sind reif.

そのブドウは熟しています。

Reines Gold hat 24 Karat.

純金は 24 カラットあります。

Der Tisch ist schon reserviert.

そのテーブルはすでに予約済みです。

 Quick Review

☐ 空（から）の	☐ 最後の	☐ 愛する	☐ 愉快な
☐ 論理的な	☐ 奇妙な	☐ モダンな	☐ 可能な

CHECK-1 ▶ CHECK-2 ◄ ⊕47 ►

□ 369
rund
丸い

□ 370
sauer
酸っぱい

□ 371
scharf
鋭い

□ 372
schick
シックな

- -

□ 373
schlimm
悪い

□ 374
schmal
幅の狭い

□ 375
selbstständig
自立した

□ 376
sicher
安全な

Quick Review
- [ ] musikalisch
- [ ] nächst
- [ ] nass
- [ ] nervös
- [ ] offen
- [ ] reif
- [ ] rein
- [ ] reserviert

名詞 動詞 形容詞 副詞 前置詞など

Cʜᴇᴄᴋ-3

Die Erde ist rund.

地球は丸いです。

Die Orange ist sauer.

そのオレンジは酸っぱいです。

Das Messer ist scharf.

その包丁は鋭いです。

Die Jacke ist schick.

そのジャケットはシックです。

* *

Das ist ja schlimm.

それはひどい。

Die Gasse ist sehr schmal.

その小道はとても狭いです。

Er ist selbstständig.

彼は自立しています。

Hier ist sehr sicher.

ここはとても安全です。

Quick Review

☐ 音楽の	☐ 最も近い	☐ 濡れた	☐ 神経質な
☐ 開いている	☐ 熟した	☐ 純粋な	☐ 予約した

CHECK-1 ▶ CHECK-2 ◀ 🎧48 ▶

□ 377
spät
(時間的に）遅い

□ 378
sportlich
スポーティーな

□ 379
staatlich
国家の

□ 380
sympathisch
好感の持てる

・・・・・・・・・・・・・・・・・・・・・・・・・・・・・・・・・・・・・・

□ 381
technisch
技術の

□ 382
tot
死んでいる

□ 383
trocken
乾いた

□ 384
überzeugt
確信した

Quick Review
- [ ] rund
- [ ] schlimm
- [ ] sauer
- [ ] schmal
- [ ] scharf
- [ ] selbstständig
- [ ] schick
- [ ] sicher

CHECK-3

Es ist schon ziemlich spät.

もうかなり遅いです。

Er ist sehr sportlich.

彼はとてもスポーティーです。

Ist deine Uni staatlich?

君の大学は国立？

Sie ist sehr sympathisch.

彼女はとても感じがいいです。

• •

Er besucht eine technische Universität.

彼は工科大学に通っています。

Die Katze ist tot.

その猫は死んでいます。

Das Tuch ist schon trocken.

その布はもう乾いています。

Ich bin davon überzeugt.

それについて確信しています。

Quick Review
☐ 丸い ☐ 酸っぱい ☐ 鋭い ☐ シックな
☐ 悪い ☐ 幅の狭い ☐ 自立した ☐ 安全な

CHECK-1 ► CHECK-2 ◄ 🎧 49 ►

□ 385
unheimlich
不気味な

□ 386
verantwortlich
責任のある

□ 387
verboten
禁じられた

□ 388
wahr
真実の

....

□ 389
weich
柔らかい

□ 390
wunderbar
素晴らしい

□ 391
wunderschön
とてもきれいな

□ 392
zufrieden
満足した

Quick Review
- [ ] spät
- [ ] technisch
- [ ] sportlich
- [ ] tot
- [ ] staatlich
- [ ] trocken
- [ ] sympathisch
- [ ] überzeugt

CHECK-3

Hier ist es irgendwie unheimlich.

ここは何だか不気味な感じです。

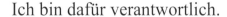

Ich bin dafür verantwortlich.

私はそれに対して責任があります。

Rauchen ist hier verboten.

ここでは喫煙は禁止です。

Das kann nicht wahr sein!

それが本当であるはずがない！

Das Tuch ist sehr weich.

その布はとても柔らかいです。

Das Konzert war wunderbar!

そのコンサートは素晴らしかった！

Du bist wunderschön!

君はとても美しい！

Ich bin sehr zufrieden!

私はとても満足しています！

☐ （時間的に）遅い	☐ スポーティーな	☐ 国家の	☐ 好感の持てる
☐ 技術の	☐ 死んでいる	☐ 乾いた	☐ 確信した

CHECK-1 ▶ CHECK-2 ◀ 🎧50 ▶

名詞
動詞
形容詞
副詞
前置詞など

□ 393
abends　　　　　晩に

□ 394
also　　　　　では

□ 395
anfangs　　　　最初に

□ 396
außerdem　　　その上

□ 397
besonders　　　特に

□ 398
dann　　　　　それから

□ 399
deshalb　　　　そのため

□ 400
draußen　　　　外で

Quick Review 【P. 122】

□ sofort　□ unbedingt　□ unten　□ wahrscheinlich
□ weiter　□ wohl　□ ziemlich　□ zurück

Cʜᴇᴄᴋ-3

Ich muss bis abends arbeiten.

私は晩まで働かなければなりません。

Ich komme also um zehn Uhr.

では私は 10 時に来ます。

Anfangs muss man sich gut konzentrieren.

最初にしっかりと集中しなければなりません。

Das Handy ist klein und außerdem sehr leicht.

その携帯は小さく、その上とても軽い。

• •

Er ist besonders freundlich.

彼は特に親切です。

Ich fahre nach Berlin, dann nach Dresden.

私はベルリンに行って、それからドレスデンに行きます。

Es wird regnen, deshalb musst du einen Regenschirm mitnehmen.

雨が降るよ。だから傘を持って行かないと。

Es regnet draußen.

外は雨が降っています。

CHECK-1 ▶ CHECK-2 ◀ 🎧51 ▶

名詞

□ 401
eben
ちょうど今

□ 402
eigentlich
実際は

動詞

□ 403
endlich
やっと

□ 404
etwa
およそ

形容詞

副詞

□ 405
fast
ほとんど

□ 406
gar
ぜんぜん (…でない)
＊否定詞と使う場合

前置詞など

□ 407
geradeaus
まっすぐに

□ 408
innerhalb
…の中で

Check-3

Was hast du eben gemacht?

今、何をしたの？

Ich wollte eigentlich Medizin studieren.

私は本当は医学を勉強したかったんです。

Endlich bin ich fertig mit der Arbeit.

やっと仕事が終わりました。

Das Zimmer ist etwa 35m² groß.

その部屋は約 35 平方メートルです。

Es ist fast 23 Uhr.

もうすぐ 23 時だよ。

Ich verstehe gar nichts.

私は全く理解できません。

Gehen Sie hier geradeaus.

ここをまっすぐ行ってください。

Innerhalb von zwei Jahren hat sie Schwimmen gelernt.

2 年間のうちに彼女は泳ぎを覚えました。

☐ 晩に	☐ では	☐ 最初に	☐ その上
☐ 特に	☐ それから	☐ そのため	☐ 外で

CHECK-1 ▶ CHECK-2 ◀ 🎧52 ▶

名詞

□ 409
insgesamt　　　　　全部で

□ 410
irgendwie　　　　　なんらかの方法で

動詞

□ 411
irgendwo　　　　　どこかで

形容詞

□ 412
kaum　　　　　ほとんど…ない

副詞

□ 413
lange　　　　　長い間

□ 414
mal　　　　　ちょっと

前置詞など

□ 415
manchmal　　　　　時々

□ 416
meistens　　　　　たいていは

Quick Review
- [ ] eben
- [ ] eigentlich
- [ ] endlich
- [ ] etwa
- [ ] fast
- [ ] gar
- [ ] geradeaus
- [ ] innerhalb

CHECK-3

Insgesamt 50 Studenten kamen zum Vortrag.

全部で 50 人の学生が講演に来ました。

Wir müssen das irgendwie schaffen.

私たちはそれをどうにかしてやり遂げなければなりません。

Kann man hier irgendwo parken?

ここのどこかで車を止められますか？

Ich glaube ihm kaum.

私は彼をほとんど信じていません。

Wie lange bleibst du?

どのくらいいる（滞在する）？

Schau mal!

ちょっと見て！

Manchmal gehe ich allein ins Kino.

私は時々、一人で映画に行きます。

Ich trinke meistens Kaffee.

私はたいていコーヒーを飲みます。

 Quick Review

| ☐ ちょうど今 | ☐ 実際は | ☐ やっと | ☐ およそ |
| ☐ ほとんど | ☐ ぜんぜん（…でない） | ☐ まっすぐに | ☐ …の中で |

CHECK-1 ▶ CHECK-2 ◀ 🎧53 ▶

□ 417
möglichst
できるだけ

□ 418
morgens
朝に

□ 419
nämlich
というのは

□ 420
normalerweise
普通の場合

・・

□ 421
nun
今

□ 422
oben
上に

□ 423
plötzlich
突然

□ 424
schließlich
最後に

Quick Review
☐ insgesamt ☐ irgendwie ☐ irgendwo ☐ kaum
☐ lange ☐ mal ☐ manchmal ☐ meistens

Cʜᴇᴄᴋ-3

Komm bitte möglichst schnell nach Hause.

できるだけ急いで家に帰ってきて。

Morgens esse ich immer Brot.

朝、いつもパンを食べます。

Ich kann nicht kommen, ich muss nämlich arbeiten.

私は来られません。というのも、仕事があるからです。

Normalerweise ist er pünktlich.

普段から彼は時間に正確です。

Wir müssen nun los.

さあ出発しなければ。

Der Teller ist oben rechts im Schrank.

お皿は棚の右上にあります。

Plötzlich hat es angefangen zu regnen.

突然、雨が降り始めました。

Schließlich hat er „Ja" gesagt.

ついに彼は「はい」と言いました。

Quick Review

☐ 全部で	☐ なんらかの方法で	☐ どこかで	☐ ほとんど…ない
☐ 長い間	☐ ちょっと	☐ 時々	☐ たいていは

Check-1 ▶ Check-2 ◀ 🎧 54 ▶

□ 425
sofort
すぐに

□ 426
unbedingt
絶対に

□ 427
unten
下に

□ 428
wahrscheinlich
たぶん

□ 429
weiter
さらに先へ

□ 430
wohl
元気で

□ 431
ziemlich
かなり

□ 432
zurück
元の場所へ

Quick Review
☐ möglichst　　☐ morgens　　☐ nämlich　　☐ normalerweise
☐ nun　　　　　☐ oben　　　　☐ plötzlich　　☐ schließlich

CHECK-3

Ich komme sofort!

すぐに来ます！

Du musst unbedingt schlafen.

君は絶対に寝なきゃだめだよ。

Das Buch liegt links unten im Regal.

その本は棚の左下にあります。

Er kommt wahrscheinlich mit.

彼はたぶん一緒に来ます。

Wir fahren noch weiter.

私たちはさらに先まで行きます。

Ich fühle mich nicht so wohl.

私はあまり気分が良くありません。

Die Tasche ist ziemlich teuer.

そのかばんはかなり高いです。

Ich bin gleich wieder zurück.

すぐに戻ります。

Quick Review

☐ できるだけ	☐ 朝に	☐ というのは	☐ 普通の場合
☐ 今	☐ 上に	☐ 突然	☐ 最後に

Memo

前置詞など

※数字は、音声のトラック番号です

名詞

□ 433
bis
…まで

動詞

□ 434
durch
…を通って

形容詞

□ 435
für
…に賛成して

□ 436
gegen
…に対して

副詞

□ 437
seit
…以来

前置詞など

□ 438
von
…から

□ 439
während
…の間

□ 440
wegen
…のために

☐ etwas ☐ jeder ☐ nichts ☐ welch
☐ als ☐ ob ☐ wenn ☐ alles

CHECK-3

Bis morgen!

また明日！

Ich fahre durch München.

私はミュンヘンを通って行きます。

Ich bin für Sonnenenergie.

私は太陽エネルギーに賛成です。

Ich bin gegen Atomkraft.

私は原子力に反対です。

Seit 2007 wohnen wir in Japan.

2007 年から私たちは日本に住んでいます。

Ich fahre mit dem Zug von Berlin nach München.

私は列車でベルリンからミュンヘンへ行きます。

Während des Semesters gehe ich jeden Tag zur Uni.

学期中、私は毎日大学に行きます。

Ich bin wegen der Hitze sehr müde.

私は暑さのせいでとても疲れています。

Quick Review

- [ ] あるもの
- [ ] …よりも
- [ ] どの…も
- [ ] …かどうか
- [ ] 何も…ない
- [ ] もし…ならば
- [ ] どの
- [ ] すべてのもの

CHECK-1 ▶ CHECK-2 ◀ 🎧56 ▶

名詞

□ 441
etwas　　　　　　　あるもの

動詞

□ 442
jeder　　　　　　　どの…も

□ 443
nichts　　　　　　何も…ない

形容詞

□ 444
welch　　　　　　どの

副詞

□ 445
als　　　　　　　…よりも

前置詞など

□ 446
ob　　　　　　　…かどうか

□ 447
wenn　　　　　　もし…ならば

□ 448
alles　　　　　　すべてのもの

Quick
Review

☐ bis　　☐ durch　　☐ für　　☐ gegen
☐ seit　　☐ von　　☐ während　　☐ wegen

Check-3

Soll ich etwas mitbringen?

何か持って行きましょうか？

Jeder Mensch hat eine eigene Meinung.

誰もがそれぞれの意見を持っています。

Ich habe nichts zu tun.

私は何もすることがありません。

Welcher Wein schmeckt Ihnen am besten?

あなたはどのワインが一番お気に召しましたか？

Er ist älter als ich.

彼は私より年上です。

Ich weiß nicht, ob er kommt.

私は彼が来るかどうか知りません。

Wenn es regnet, komme ich nicht.

もし雨が降ったら、私は来ません。

Alles in Ordnung.

万事オーケーです。

Quick Review
- …まで
- …以来
- …を通って
- …から
- …に賛成して
- …の間
- …に対して
- …のために

◀ 🎧67 ▶

☐ 001 die Seife　せっけん	☐ 005 der Spiegel　鏡
☐ 002 der Becher　(取っ手のない) コップ	☐ 006 die Schere　はさみ
☐ 003 die Zahnbürste　歯ブラシ	☐ 007 die Uhr　時計
☐ 004 die Zahnpasta　練り歯磨き	☐ 008 das Handtuch　タオル

☐ 009	die Lampe	電灯	☐ 014	das Badezimmer	風呂場
☐ 010	die Treppe	階段	☐ 015	das Schlafzimmer	寝室
☐ 011	die Vase	花びん	☐ 016	das Wohnzimmer	リビング
☐ 012	das Fenster	窓	☐ 017	das Sofa	ソファー
☐ 013	das Regal	棚	☐ 018	das Bett	ベッド

🎧69

☐ 001	die Apotheke	薬局
☐ 002	die Bäckerei	パン屋
☐ 003	die Bank	銀行
☐ 004	die Buchhandlung	本屋
☐ 005	die Haltestelle	停留所
☐ 006	das Kaufhaus	デパート

☐ 007	das Kino	映画館
☐ 008	die Klinik	クリニック
☐ 009	die Kreuzung	交差点
☐ 010	das Restaurant	レストラン
☐ 011	die Straßenbahn	路面電車
☐ 012	die U-Bahn	地下鉄

☐ 013	der Bahnhof	駅
☐ 014	die Bibliothek	図書館
☐ 015	die Brücke	橋
☐ 016	die Hauptstadt	首都
☐ 017	die Kirche	教会
☐ 018	das Krankenhaus	病院
☐ 019	der Markt	広場

☐ 020	das Museum	博物館
☐ 021	die Oper	オペラ
☐ 022	die Polizei	警察
☐ 023	die Post	郵便局
☐ 024	das Rathaus	市庁舎
☐ 025	das Schloss	城
☐ 026	das Theater	劇場

◀ 🎧73 ▶

☐ 001	die Erde	地球
☐ 002	die Sonne	太陽
☐ 003	die Insel	島
☐ 004	die Küste	海岸
☐ 005	die Wolke	雲
☐ 006	das Meer	海
☐ 007	der Baum	木

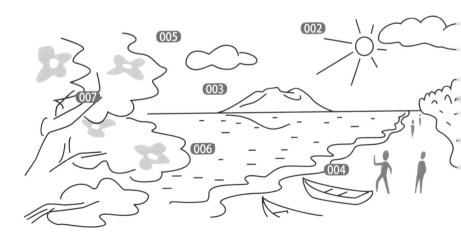

☐ 008	der See	湖
☐ 009	die Wiese	草原
☐ 010	der Wald	森
☐ 011	der Himmel	空
☐ 012	der Berg	山
☐ 013	die Blumen	花
☐ 014	der Mond	月

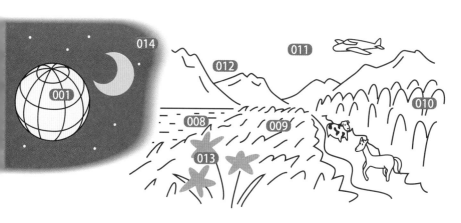

ここでは、ドイツ語の文章を理解するために最低限必要な文法だけを紹介します。
「キクタン ドイツ語」に出てくる例文を勉強するときの参考にしてください。

1 _ 名詞

(1)名詞のつづりかた
ドイツ語の名詞は、文中でも必ず大文字で書き始めます。

(2)名詞の性
ドイツ語の名詞には文法上の性があります。「男性名詞」「女性名詞」「中性名詞」の3
つに分けられますが、自然界の性別とは必ずしも一致しません。冠詞によって性別を表
します。

	男性名詞	女性名詞	中性名詞
定冠詞（the）	der Vater	die Mutter	das Kind
不定冠詞（a/an）	ein Vater	eine Mutter	ein Kind

(3)名詞の数
ドイツ語の名詞は複数形になると性別は区別せず、定冠詞はすべて **die** となります。不
定冠詞に複数形はありません。

(4)名詞の格
文の中で名詞がどんな役割（主語か目的語かなど）を果たすかを示すのが格です。日本
語の「て、に、を、は」にほぼ相当します。格は冠詞の変化によって表します。ここで
は主語となる1格（が、は）、間接目的語となる3格（に）、そして直接目的語となる4
格（を）をしっかりと覚えましょう。
格の変化は「付録 - 1　冠詞と人称代名詞の格変化」（54 〜 55 ページ）を参照してく
ださい。

2 _ 動詞

(1)規則動詞
動詞は語幹と語尾に分けられます。語尾が –**en** となっている形が動詞の原形で、不定
形といい、辞書にはこの形で載っています。主語の種類によって語尾の形が変化します。
動詞の変化は、「付録 - 2　動詞活用表」（90 ページ）を参照してください。

(2)不規則動詞
動詞の多くは規則的に変化をしますが、中には主語が **du** と **er/ sie/ es** のときに不規則

に変化をするものがあります。不規則動詞はいくつかのグループに分けられます。不規則動詞の変化は、「付録 - 2　動詞活用表」(90 ページ) を参照してください。

(3)分離動詞

動詞に前つづりと呼ばれるニュアンスを与えるものが付くと、この前つづりは動詞と分かれて文末に来ます。

> **Ich stehe auf.**

辞書では **auf|stehen** のように、縦の線によって前つづりと動詞が区切られています。

3 _ 形容詞

形容詞は修飾する名詞の性、数、格によって変化します。ドイツ語では形容詞の多くは副詞的にも使われます。

4 _ 前置詞

前置詞は名詞や代名詞の特定の格と結び付きます。
前置詞と冠詞が合わさって表現されることがあります (融合形)。

> 例)　**zu + dem (der/das の 3 格) = zum**
> 　　　**zu + der (die の 3 格) = zur**
> 　　　**an + dem (der/das の 3 格) = am**
> 　　　**in + das (das の 4 格) = ins** 　　　 など

5 _ 文の構成 (語順)

(1)動詞は 2 番目！

ドイツ語では、主語が文頭である必要はありません。しかし平叙文では 2 番目に必ず動詞が来ます。

> **Ich trinke gern Bier.**
> **Bier trinke ich gern.**

(2)助動詞

助動詞を使う場合は助動詞が 2 番目に、動詞が文末に来ます。助動詞と一緒になる場合、動詞は必ず不定形になります。

> **Ich möchte Bier trinken.**

6 _ 疑問文の作りかた

(1)疑問詞のある疑問文

疑問詞を文頭に、動詞を２番目に入れます。

Was trinkst du gern?

(2)疑問詞のない疑問文

Ja/ Nein で答えられる疑問文では動詞が文頭に来ます。

Trinkst du gern Bier?（動詞＋主語）

7 _ 否定文の作りかた

不定冠詞が付いた名詞、冠詞が付いていない名詞、複数形の名詞は **kein** を名詞の前に付けて否定します。

Ich habe keine Zeit.

kein の変化は所有冠詞 **mein** と同じです。「付録 - 1　冠詞と人称代名詞の格変化」（54 ～ 55 ページ）にある **mein** の **m** を **k** に変えれば **kein** の変化となります。

kein で否定できないもの、定冠詞の付いた名詞や動詞、形容詞などは **nicht** を使って否定します。**nicht** は否定したい要素の直前に置くことが原則ですが、全文否定の場合には文末に来ます。

Ich trinke nicht gern Bier.

8 _ 現在完了形の作りかた

過去のことを表現する場合、日常会話の中ではほとんどの場合、現在完了形を使います。

現在完了形＝ **haben/sein** の現在人称変化形＋過去分詞（文末）

（現在形）**Ich spiele Tennis.** ——＞　（現在完了形）**Ich habe Tennis gespielt.**
　　　　　Ich fahre nach Deutschland. —＞　**Ich bin nach Deutschland gefahren.**

動詞によって **haben** を用いるか、**sein** を用いるかが決まっていますが、多くの動詞は **haben** を使って現在完了形を作ります。

初級では **sein** を用いて過去分詞を作る動詞として、**kommen, fahren, gehen** はしっかり覚えておきましょう。

見出し語索引

見出し語に登場する語彙を索引としてまとめました。それぞれの語彙の最初にある
数字は見出し語番号を、後の数字はページを表しています。

manchmal	415	118	
Medikament	148	44	
meinen	275	80	
meistens	416	118	
Mensch	31	14	
merkwürdig	358	104	
mitkommen	196	60	
mitnehmen	197	60	
Mittagessen	149	44	
modern	359	104	
möglich	360	104	
möglichst	417	120	
morgens	418	120	
Motorrad	150	44	
Musik	151	44	
musikalisch	361	106	
N Nachbar	32	14	
nächst	362	106	
Nachteil	70	24	
nämlich	419	120	
nass	363	106	
nervös	364	106	
nichts	443	128	
nicken	276	80	
normalerweise	420	120	
nun	421	120	
O ob	446	128	
oben	422	120	
offen	365	106	
Operation	33	16	
Ordnung	106	34	
P Paket	152	44	
parken	277	80	

Party	153	46	
passen	278	80	
Patient	154	46	
Pause	88	28	
Pension	155	46	
Person	34	16	
Pflicht	35	16	
Plan	71	24	
planen	279	80	
Plastik	36	16	
plötzlich	423	120	
Praktikum	89	30	
Preis	37	16	
Problem	72	24	
produzieren	280	80	
Profi	38	16	
Projekt	156	46	
protestieren	281	82	
Prüfung	157	46	
Punkt	158	46	
R Rat	159	46	
raten	282	82	
reagieren	283	82	
rechnen	284	82	
Rechnung	107	34	
Recht	73	26	
reden	285	82	
reif	366	106	
Reihe	39	16	
rein	367	106	
reizen	286	82	
rennen	287	82	
reserviert	368	106	

umtauschen	200	60	Wahl	80	26
Umwelt	174	50	wählen	311	88
unbedingt	426	122	wahr	388	112
unheimlich	385	112	während	439	126
unten	427	122	wahrscheinlich	428	122
unterhalten	221	66	Weg	179	52
Unterhaltung	175	50	wegen	440	126
unterrichten	303	86	weich	389	112
Untersuchung	94	30	Weihnachten	111	34
V verantwortlich	386	112	weiter	429	122
verboten	387	112	welch	444	128
vergessen	304	86	Welt	180	52
Vergleich	95	30	wenn	447	128
Verhalten	46	18	Wetterbericht	181	52
verkaufen	309	88	Wiedersehen	182	52
verlieben	223	66	Wochenende	96	30
verspäten	224	66	Wohl	112	34
Verspätung	77	26	wohl	430	122
Verständnis	176	50	wunderbar	390	112
versuchen	305	88	wunderschön	391	112
Vertrag	177	52	**Z** Zahl	183	52
verweigern	306	88	zählen	312	88
verwenden	307	88	Ziel	184	52
verzeihen	308	88	ziemlich	431	122
Visum	178	52	zufrieden	392	112
von	438	126	zumachen	202	62
Vorbereitung	47	18	zurück	432	122
Vorbild	48	18	zurückbekommen	203	62
vorhaben	201	62	zurückfahren	204	62
Vorsicht	110	34	zurückgeben	205	62
Vorstellung	78	26	zurückgehen	206	62
Vorteil	79	26	zurückkehren	207	62
W wachsen	310	88	zurückkommen	208	62

改訂版
キクタン ドイツ語【初級編】
独検4級レベル

発行日	2012年1月23日（初版） 2024年3月13日（改訂版）
著者	岡村りら（専修大学教授）
編集	株式会社アルク 出版編集部
原文校正	Eva Wölbling
アートディレクション	細山田光宣
カバーデザイン	横山朋香、柏倉美地（細山田デザイン事務所）
本文デザイン	奥山和典（酒冨デザイン）
イラスト	（本文）奥山和典（酒冨デザイン） （帯）白井匠（白井図画室）
DTP	株式会社創樹
ナレーション	Nadine Kaczmarek、北村浩子
音楽	Niwaty
録音	トライアンフ株式会社
音声編集	安西一明
印刷・製本	シナノ印刷株式会社
発行者	天野智之
発行所	株式会社アルク 〒 102-0073　東京都千代田区九段北 4-2-6　市ヶ谷ビル Website　https://www.alc.co.jp/

地球人ネットワークを創る

アルクのシンボル
「地球人マーク」です。